We the People... PROJECT CITIZEN
プロジェクト・シチズン
子どもたちの挑戦

Center for Civic Education＝著
全国法教育ネットワーク＝訳

現代人文社

日本語版への序文

　立憲民主主義においては、人が「市民」として果たす役割以上に重要な役割はありません。そして自己統治が市民の最も重要な責務といえるでしょう。民主主義社会における市民として、わたしたちは自分たちで選出した代表者が委託された権力を行使する方法をコントロール(管理)する絶対的な権利を有しています。その方法のひとつとして、政府の公共政策策定のプロセスを注意深く監視し、それに影響を与えることができます。

　公共政策は、政府内で権限を持つ地位に選出または任命された人々の基本的な決定、関与そして行動を組み合わせて策定されます。現代の先進的な社会における日常生活のほとんどあらゆる側面がこのプロセスから生まれてくる政策の影響を受けています。したがって自分たちが権限を委託した役人たちが適正かつ責任を持った権限の行使を確実に行うようにすることが、私たち市民ひとりひとりの義務なのです。

　責任を持った活発な市民になるためには、政府がどのように機能するかの知識を持っていなければなりません。また、政府の公共政策策定プロセスに効果的に関与するための、知的スキルおよび参加型技能を身につける必要があります。最後に、立憲民主主義の基礎である基本的な価値観および原則の習得をし、それらに基づいて行動するための特定の市民的な資質も必要です。

　プロジェクト・シチズンが掲げる主な目的は、先に述べた市民の役割と責務という概念と一致しています。この教材の目的は、コミュニティの中での政策策定プロセスに参加する能力を育成することです。学校での基礎教育と日常生活のコミュニティ活動は、知的で責任を持った市民形成の基盤となる公民的知識、スキルおよび資質の習得、そして実践につながるでしょう。

　コミュニティが直面している問題や関心事の解決支援に参加することで、民主的な価値観、原則、寛容さへの理解を高め、そして公共政策に影響を与えることが可能であると実感することができるでしょう。また、問題の研究を通してコミュニティの大人と交流を持ち、政策提言をみなの前で発表することで、コ

ミュニティの問題に効果的に関与していくうえで必要となる能力、意欲、そして積極性を身につけることができるでしょう。

　もし、あなたがまだ選挙権年齢に達していなくても、コミュニティで重要な役割を果たすことができるのです。プロジェクト・シチズンをそのための足がかりと考えてください。プロジェクト・シチズンが、今日、これからの将来、あなたが直面するであろう課題への最初の準備段階となるかもしれません。このプログラムに参加して公共政策に影響を与える道を選ぶのか、あるいは、参加せずに他人が作った政策や決定に従って生きていくのか、それを決めるのはあなた自身です。あなたが積極的な市民になるための入り口がプロジェクト・シチズンなのです。

　　　　　　　　　　　We the People...PROJECT CITIZENディレクター
　　　　　　　　　　　Michael Fischer

目　　次

日本語版への序文　2

解説　7

生徒用テキスト

はじめに　15

ステップⅠ●コミュニティの中の政策問題を明らかにする　18

　　A. 話し合い　18　　　B. 小グループ活動　20　　　C. 宿題　20
　　問題の特定と分析用紙　22
　　インタビュー用紙　23
　　新聞・印刷資料調査用紙　24
　　ラジオ・テレビ調査用紙　25

ステップⅡ●クラス研究のための問題を選ぶ　26

　　A. 話し合い　26

ステップⅢ●クラスが研究する問題について情報を集める　27

　　A. クラス活動　27　　　B. 情報収集と整理の仕方　29　　　C. 宿題　30
　　自己紹介　31
　　出版物整理用紙　32
　　手紙・インタビュー整理用紙　34

ステップⅣ●クラスポートフォリオを作成する　36

　　A. ポートフォリオの設計　36　　　B. 各ポートフォリオ班の課題　37

C.ポートフォリオ評価基準　38　　　　D.ポートフォリオ班への指示　38
　　　ポートフォリオ基準チェックリスト　39
　　　ポートフォリオ第1班　40　　　　ポートフォリオ第2班　41
　　　ポートフォリオ第3班　42　　　　ポートフォリオ第4班　44
　　　合憲性審査用紙　46

ステップⅤ ●ポートフォリオを発表する　48
　　　A.口頭発表の始まり　48　　　B.質問　49　　　C.準備　49
　　　D.ガイドライン　49　　　E.評価基準　50

ステップⅥ ●自分たちの学習経験を評価する　51
　　　結論　51
　　　ガイドライン　52

用語集　53
付録　55

教師用ガイド

教師への序文　59

参加について：概要
　　　A.目的　60　　　B.授業の準備をする　60

生徒のポートフォリオ作成を助ける
　　　ステップⅠ　コミュニティの中の政策問題を明らかにする　64
　　　ステップⅡ　クラス研究のための問題を選ぶ　65
　　　ステップⅢ　クラスが研究する問題について情報を集める　66
　　　ステップⅣ　クラスポートフォリオを作成する　66

5

ステップⅤ　ポートフォリオを発表する　69
　　　ステップⅥ　自分たちの学習経験を評価する　69

付録　71
　　A. 大人のボランティア・アシスタントへのガイドライン　72
　　B. ポートフォリオ基準チェックリスト　73
　　C. ポートフォリオ採点表　74
　　D. 口頭発表評価基準　79
　　E. 口頭発表採点表　80
　　F. コンテスト開催に関する手順およびガイドライン　85
　　G. 審判員向け指示:展示用ポートフォリオおよび資料バインダー　89
　　H. 審判員向け指示:口頭発表　91
　　I. 教師用評価用紙　93
　　J. 生徒用評価用紙　95
　　K. 用紙一式(例)　96
　　L. 終了認定書(例)　96

あとがき　97

解　説

　本書は、アメリカのCenter for Civic Educatin（以下、公民教育センターと記す）とNational Conference of State Legislatures（以下、全米州議会協議会と記す）との共同で作成された学校における公民教育、政治教育等で幅広く利用されている中等学校用プログラムである"We the People ... PROJECT CITIZEN（1996）"の生徒用テキストと教師用ガイドを翻訳したものである。
　このプログラムは、近年日本でもいろいろな教育場面で活用が注目されているポートフォリオを主に使い、中等教育段階の子どもたちが州および地方政府の公共政策や政策実施のために作られた法律を調査したり、模擬公聴会を開催してモニター（監視）し、新たな公共政策の立案や立法に影響力を行使できる市民的能力を育成するために開発されたプログラムであり、アメリカ型問題解決学習・プロジェクト学習の典型である。この学習過程について、公民教育センターのホームページは、A portfolio-based civic education projectと命名している。そこで、プログラムの全体的特徴をいくつかの観点から概略的に整理してみたい。

1.　アメリカの市民教育の動向と対応

　プログラムの開発は、1995年から1996年にかけて実施された12州でのパイロット研究に始まる。その結果、本書のテキスト等が作成され、プログラムの拡大に拍車がかかり全米に普及し、2001年現在およそ5,000人の教師と30万人の生徒が利用している。また公民教育センターが重視している国際公民教育交流プログラム（An International Civic Education Exchange Program）であるCIVITAS：A Framework for Civic Educationの中心プログラムのひとつとして海外での普及もあわせて図られ、ボスニア・ヘルツェゴビナ、ブラジル、クロアチア、リトアニア、モンゴル、ポーランド、ロシア、メキシコ、台湾などの多くの国々や地域で立憲民主主義教育のための公民教育用テキストとして活用されている。このように本プログラムは、いわばアメリカ型民主主義の国際的な普及・拡大を教育面から補強するものとして現在展開されている。
　ところで、アメリカの子どもたちのための公民あるいは市民教育は、社会科（social studies）やアメリカ政治（the United States government）、公民科／市民的資質（Civics/Citizenship）で一般に学習されているが、近年地域でのボランティア活動の

意義や手法を学ぶために開発されたコミュニティ・サービス・プログラムや紛争処理・調停過程を体験的に学ぶために開発された参加型プログラムを通じて行われる傾向が見られるようになった。

　これらのプログラムは、模擬法廷(mock trial)、模擬公聴会、議会傍聴、地域の公共政策への参加・協力活動などの実際的な学習経験を積極的に位置づけ、市民の理性的な監視能力や社会参加能力を高め、民主主義社会の理念、権利と義務、政治的教養と政治参加技能などを効果的に教育することをめざしている。そしてその代表的なものが、本書やThe Constitutional Rights Foundation(ロサンゼルスに本部を置く法教育や公民教育を展開している非営利組織)が開発したthe Active Citizenship Todayである。

　こうした参加型あるいはプロジェクト型の市民教育カリキュラムの開発がアメリカで積極的に行われるようになった背景には、アメリカ民主主義に固有な政治・行政・法のシステムとプロセスをもっと体験的な学習へと転換することにより、市民的資質の育成をより現実的に保障しようとする意図があったと考えられる。このような狙いを最初に明確にしたのはいうまでもなく「ゴール2000：1994年教育法」である。この法律では、学力の充実・学校の説明責任(アカウンタビリティ)・保護者の学校参加などが表明されているが、公民教育についても「2000年までに、……公民科と政治教科などに諸教科で求めていることが実現されたかどうかを、4、8、12学年の各段階で証明しなければならない。すべての生徒は、良き市民的資質、地域でのコミュニティ・サービス、個人的な責任性を高め、それを証明しなければならない」(目標3)と記され、実際に子どもたちが市民としての知識、技能、態度を習得しているかどうかを説明することを求めた。そのため本書のような問題解決(プロジェクト)中心で、その成果が明確に見られるポートフォリオ活用などのプレゼンテーション・パフォーマンス型のカリキュラム開発が進行し、普及していったのである。

　またこうしたカリキュラム形式面ばかりでなく、公民教育で達成すべき学力の内容面からも転換が要請されたことも大きな背景である。ゴール2000では、市民的資質の能力をより明瞭にすることを求めた。その結果、公民教育における知識目標と遂行(パフォーマンス)目標の標準(スタンダード)設定が速やかに実施される必要が生じ、その作業のとりまとめを担ったのが、公民教育センターであった。そこで当センターは、公民教育の全米標準カリキュラムとしてNational Standards for Civics and Government(1994)を作成し「公共生活と個人的生活、市民社会、立憲民主主義、自由主義と共和主義、行政過程、法過程、権力分立、アメリカにおける市

民的資質」といった理念や概念を中心とする小学校から高等学校までの公民教育のスタンダードを公表し、それらが実際の教育活動に反映されることを望んだ。

　そして、こうした背景の中で誕生してきた市民教育プログラムが本書である。そのため本書は、アメリカの近年の公民教育を直接的に反映しているとともに、公民教育センターが考える活動的な市民教育プログラムを実現するものでもある。なお、プロジェクト・シチズンという命名については確認してはいないが、これまでアメリカの教育で典型的に行われていたプロジェクト・メソッド（課題解決プロセス重視の学習活動）や自由で民主的な市民社会の実現をめざして登場した巨大なNPOであるPublic Citizenなどからの影響があったことが容易に想像できよう。

2．公民教育センターの市民教育の特徴

　当センターとセンターが開発した法教育プログラムについては『テキストブックわたしたちと法――権威、プライバシー、責任、そして正義（原題：Foundations of Democracy）』（現代人文社、2001年）ですでに紹介しているので、ここでは市民教育ないし公民教育（Civic Education）の特徴と翻訳書の特色について概説してみたい。

　昨年（2002年9月）開催された関東弁護士会連合会主催のシンポジウム「子どものための法教育」（内容については関東弁護士会連合会編『法教育』〔現代人文社、2002年〕参照）に参加された当センターのシニア・コンサルタントNorma D. Wright氏が、公民教育センターの法教育プログラムの特徴として、他機関たとえばAmerican Bar Association（アメリカ法律家協会）やThe Constitutional Rights Foundationに比べ、理念的アプローチを重視することを挙げられた。すなわち民主主義社会における理想的な市民を想定し、その育成に向けた取組みとして教育実践を設定することで、市民教育を実施していることを言われた。この特徴は、当センターが中心となって開発している本書を含めたほかのプログラム、たとえば①We The People...The Citizen and Constitution（小学校から高等学校までのアメリカ憲法の教育教材）、②CIVITAS：An International Civic Education Exchange Program（民主主義を各国に普及するために作成された比較国際政治教育のための教材）、③National Standards for Civic and Government（アメリカの公民と政治の教育の標準教育課程モデル）に共通するものである。

　とくに①～③と本書は、立憲民主主義社会の基礎にある政治理念である自治の原則を、憲法の制定とその施行、制限された政府による法に基づく政治・行政の実

施、国民としての参加に伴う責任の履行、市民社会における自治的努力などを通じて学習できるように工夫されている相互に関連した一連の市民教育プログラムとみなせるものである。すなわち、①で憲法を中心とした法の支配による政治システムと政治プロセスを学ぶことで国民主権の原則を理解し（憲法教育）、②によりアメリカ民主主義の理念を広く世界に広めることを援助し、③によってそうした知識や能力を保障するカリキュラム基準を示し、本書によって民主的な地方政府の運営と市民社会の構築とに参加する市民を、「学校や地域に基礎をカリキュラム」で育成しようとしていると考えられる。

　他方こうした自治への参加能力を中心とした政治教育（公民教育）プログラムは、あわせて法による支配（法治主義）を原則としているため、本センターではこれらと併行して法教育（Law-Related Education）の開発にも力を注いでおり、名実ともにアメリカの学校における公民教育をリードしている非営利組織である。

　本書の教育面での主な特徴としては、2つ挙げられよう（詳細は本書を参照）。

　ひとつは、州や地方政府の行政過程で展開されている公共政策（public policy）を民主的な手続きに従って監視（monitor）し、その政策の実行や立案・創設に影響力を行使する市民的資質や能力を育成しようとしていることである。先記の他機関が開発した全米で活用されている地域参加型学習プログラムであるthe Active Citizenship Todayとも共通しているのであるが、本書を利用してコミュニティにおける奉仕活動やそのための学習（community service-learning）が行われるようになっている。本書の実際の活動にみられるように、学習においてコミュニティの政治や行政等における課題（問題、紛争）を、まず子どもたちが明確にし、その問題の発生の地域的背景や原因を共同で調査することを通じて、よりよい地域社会の実現に役立つと思われる解決策や代替案を地域住民に対して発信し、コミュニティの政治に模擬的あるいは実際的に参加することで、より自由で民主的な社会を担う地域市民として育っていくことを狙っている。これはアメリカの政治教育の原則である住民自治の原則を、住民や市民に基礎を置く教育や市民社会の教育の側面から補強することにより、より現実化しようとするものであると思われる。そのため本書は、これまでの公民教育を実施している社会科や公民科等の教科での活用のほか、サービス・ラーニング（ボランティア学習）や特別活動（special activity）などでも活用できるようになっている。

　いまひとつは、コミュニティを構成する人々や機関（たとえば保護者や公共機関）が学習に参加する主体としてすでに組み込まれており、子どもたちとともに問題解

決のプロジェクトに対等に関与することで、コミュニティの教育資源となり、将来を担う良き市民の教育を学校とともに行おうとしていることである。そのため子どもたちが学習を通じて作成するポートフォリオがいろいろな場面でキーとなっており、このポートフォリオ作りやその発表での住民や地域の公共機関等の参加は、このプログラムの実施を左右する要件になっている。こうした工夫は、先述の学校の説明責任を履行するうえで不可欠な観点であり、公教育として展開されている学校教育に要請された結果であった。

なお、本書の興味深いその他の特徴として、このプログラムが各コミュニティで独自に展開されることを前提に、その成果の発表が全米あるいは国際的に競われていることが挙げられる。公民教育センターの他のプログラムにも共通するのであるが、開発されるものの多くが、教育成果の発表とそのコンテストを定期的かつ大規模に実施しており、このことがプログラムを実施している学校や子どもたちのインセンティブになっている。じつは一昨年(2001年12月)当センターを全国法教育ネットワークの一員として関東弁護士会連合会のシンポジウム委員とともに訪問した折、開発の責任者であるMichael Fischer氏より、日本での参加も求められたが、本書の出版はその第一歩になるかもしれないとひそかに期待している。

3. わが国への示唆

『テキストブック わたしたちと法』の翻訳の出版の折に、国民の司法参加が求められており、そのための学校教育(法教育)の充実のための日本型カリキュラムの開発の必要性を訴えた。この事情は、市民参加型教育においても同様であろう。すなわち健全な市民社会の構築への市民参加が、子どもたちを含めた日本の市民にも求められており、そのためのカリキュラム開発は緊要な課題である。

ところで、本来なら公民教育、政治教育、法教育の一研究者として、筆者なりに日本の政治や行政に適応した市民教育プログラムの提起を行わなければならないことは承知している。しかし日本の学校でのこれまでの公民教育は、基本的には学習指導要領に基づいて画一的に実施され、中央政府すなわち霞ヶ関で展開されている政治や行政を中立的に学習することがその中心であり、地域や地方に関する地方自治や住民自治の学習はほとんど中央政治の学習の一環としてしか捉えられていなかった。そのためわが国の公民教育や市民教育では、こうした子どもたちがダイナミックにコミュニティの統治や行政の監視や政策作りに参加するタイプの学習は皆無に近いものであったと思われる。

もちろん、わが国の政治システムや教育基本法8条の政治教育の中立性の規定、さらには地方分権の未成熟等の諸要因によって、こうした実際的な政治参加プログラムの実施が難しかったことは事実である。

　しかし、近年分権的機運も盛り上がり、中央政府に対する地方政府・地方政治の大切さが認識されるに従い、地方や地域の政治に参加するための能力を育成するための教育プログラムの必要性が現実のものとなりつつある。また多くの非営利組織により健全な市民社会を実現していこうとする活動も政治的な影響力をもちつつあり、市民の側から政治や政策に関わる動きも芽生えつつある。

　こうした好機が生まれてきており、ここに翻訳した、公民教育センターの子どもたちが問題解決を通じて地域社会の改革に挑戦しようとするプロジェクトとしての学習は、自治を優先するアメリカのモデルではあるが、わが国の教育においても応用可能ではないかと思っている。ここで扱われているものは基本的には学習の手続きや手順であり、対処する問題や政策はその地域に固有なものであり、それぞれの地域に生きる日本の子どもたちが見つけ出していくものである。その意味からいえば、法教育のカリキュラム以上に汎用性は高いかもしれない。

　今後の学校教育の学習では、アメリカの場合と同じように学習者の社会参加、学校の説明責任、保護者等の学校参加、社会的に有効な学力の充実・保障が、実際に要請されていくと思われる。そうした教育の流れを受けたとき、本書で示されている学習活動は、人権教育、環境教育、法教育、政治教育といった社会科や公民科で利用できるばかりでなく、総合的な学習の時間や特別活動などでも利用できるものである。

　筆者は日本の公民教育の最大の問題点は、現実的ではないことだと思っている。こうした欠点が少しでも改善されるために、訳者の一人として本書で提示された学習方法や論点が役に立つことを念じてやまない。

筑波大学教育学系（学校教育部）
江口勇治

生徒用テキスト

We the People...

Center for Civic Education
and the
National Conference of State Legislatures

はじめに

　アメリカ合衆国において、政策とは合意です。たとえば、わたしたちの連邦、州そして地方政府は、個人の権利の保護やすべての市民への福祉の促進などの責任を充分に果たす、というものがあります。立法者によって法律になる政策もあれば、行政機関、つまり法の実施に責任をもつ機関が作った規則に組み込まれる政策もあります。

　政策とその実施に責任をもつ政府機関には、たとえば次のようなものがあります。

- 学区は、生徒の行動やふるまいに関する政策を作る責任があります。先生と学校の管理者がこれらの政策を実施します。
- 州の立法者(州議員)は、車を運転するときの制限速度を定めた法律を作る責任があります。これらの法律の実施は警察官が担当します。
- 市政府は、学校の近くで酒屋が営業するのを禁止する政策を作ることがあります。市の監査官と区画計画の部署がこういった政策の実施を担当します。

　自分たちのコミュニティの問題に気づいたとき、たいていは問題に対処するための政策を政府に作ってほしいと考えます。その問題は、次のようなことに起因するのかもしれません。

- 現在の政策や法律はあまりうまく機能していない
- 現在の政策や法律は実行されていない
- 政策や法律が作られていない

　アメリカ国民として、あなたは自分のコミュニティの問題に政府がどう対処すべきかを発言する権利をもっています。また、あなたの州や国の問題、さらには国際的な問題についても自分の考えを述べる権利をもっています。これらのすべての問題について、政府の政策決定に影響を与えようとする権利ももっています。

　しかし、こうした参加を効果的に行うためには、市民は、ある特定の政策の変

更、実施または策定を担当しているのがどのレベルの政府か、政府のどの機関なのかを知る必要があります。たとえば、州の立法者たちは連邦の立法機関からの政策を法律にするよう諸機関に指示することがあります。地方政府は州や連邦で定められた法律にある責務を果たすため、さまざまな政策を作ります。それに加えて、政府機関は、政策の策定そして実施の過程において、その新しい政策が今ある法律や政策と矛盾しないかを確かめなければなりません。

　このプロジェクトの目的は、あなたが次の３つのことをできるようにすることです。自分の意見を表現すること、政府のどの機関があなたの問題を扱うのが最も適切かを判断すること、そして政府の政策決定への影響を与えることです。クラスメイトと協力し、先生と大人のボランティアの助けを借りながら次の課題に取り組んでください。

1.　取り組む問題を明らかにしよう
　まず、あなたのコミュニティで重要だと思う問題を特定して、その問題の対処にはどの政府が責任を負っているかを確かめます。

2.　情報を集めよう
　クラスでどの問題を研究するか決めた後、その問題についてさまざまなところから情報を集めて評価を行います。

3.　問題の解決策を調べよう
　次に、現在政府が出している政策を調べます。政府以外から提案されている政策も調べるようにしてください。

4.　自分たちの政策を作ろう
　政府が採用するべきだと思う政策を作ります。

5.　行動計画を立てよう
　最後に、あなたの政策が担当政府または政府機関に受け入れられるよう、どう影響を与えるかを示した行動計画を立てます。

　これらの課題を成し遂げ、自分たちで集めてまとめた資料を使って、クラスのポートフォリオを作ります。ポートフォリオは、あなたのクラスが取り組んでいる問題に対する行動計画を組み立てるのに役立つ、まとまった資料集となります。

クラスポートフォリオには、記事や表、グラフ、写真そして自分たちの絵などを入れることができます。これらの資料は、次のことを示しているものとします。
　1）選択した問題についてあなたたちが学んだこと
　2）問題についてほかにどのような解決策があるか
　3）問題に対処するため、あなたたちが選んだ、または考えた政策
　4）あなたたちの政策を政府が受け入れるために考えた、または行う行動計画
　この授業用ガイドでは、政策を明確にして研究するため、そして、あなたたちのクラスのポートフォリオを作るために、順を追って指示が与えられています。
　学校のほかのクラスや地域の人々に向けて、あなたのクラスのポートフォリオを口頭で発表してみましょう。また、ポートフォリオを作成したほかのクラスと一緒に、自分のクラスのポートフォリオをコンテストに出してみましょう。
　自分たちのコミュニティの問題を研究することで得る知識は、とても貴重なものです。その知識は、ほかの人たちのためにも伝えられるべきです。また、知識や理解をほかの人に伝えることによって、あなた自身が得るものもあります。民主的で自治的な参加のために重要な技術を身につけることにもつながります。口頭発表について詳しくは、48ページの「ステップⅤ　ポートフォリオを発表する」を参照してください。

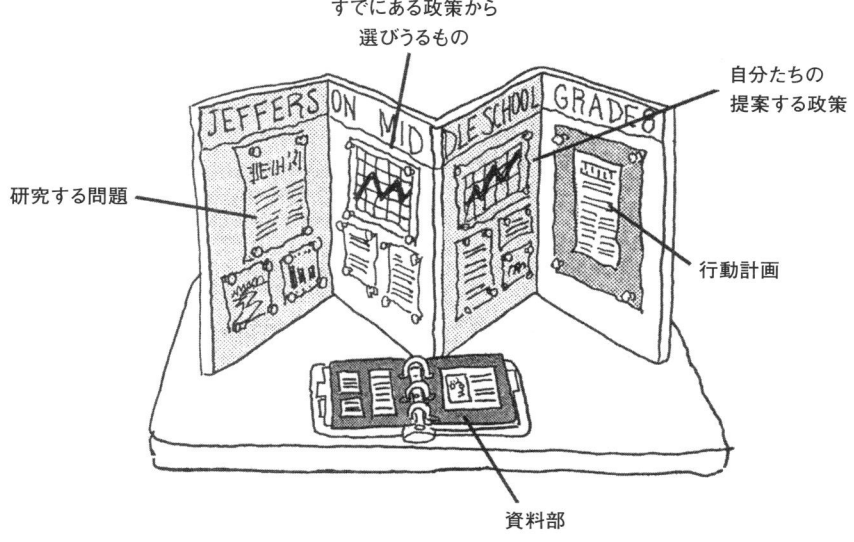

すでにある政策から選びうるもの

自分たちの提案する政策

研究する問題

行動計画

資料部

はじめに　17

ステップI

コミュニティの中の政策問題を明らかにする

ステップIの目的——

ここには、アメリカの多くのコミュニティに存在する問題のリストが載せてあります。政府が対処すべきだと人々が考える問題の例です。リストを読んだ後、次のことを行います。

- ■これらの問題についてあなたがすでに知っていること、またはこれらの問題についての話し合いで聞いたことをクラスで発表する。
- ■それらの問題について両親やコミュニティの人々が知っていること、そして彼らの意見を聞く。

このステップの目的は、あなたやあなたのクラスメイトなどがこれらのコミュニティの問題についてすでに知っていることを伝え合うことです。クラスでどの問題を研究すべきかを決定する充分な情報を得ることにつながるでしょう。

A. 話し合い

コミュニティの問題について知っていることを発表し合う

この課題を行うために、以下のことを行いなさい。

1. リストの中から、あなたのコミュニティにもあると思う問題を読んで話し合う。
2. 2、3人ずつ班に別れてそれぞれ1つの問題について話し合う。その後、班ごとに22ページの「問題の特定と分析用紙」にある質問の答えを書く。
3. 各班の答えをクラスで発表する。
4. 後で使用するので、すべての班の書類は保管しておきましょう。

コミュニティの共通問題

アメリカ中のコミュニティは、多くの共通する問題を抱えています。他のコミュ

ニティに比べて、いくつかの問題がより深刻なコミュニティもあるでしょう。人々は、これらの問題を解決するには政府が政策作りに責任をもつべきだと考えています。

学校での問題

1. 多くの人が、学校では生徒が卒業して仕事を得るための充分な技術が教えられていないと主張します。
2. 特定の集団を侮辱する言葉や表現を使う生徒がいます。
3. 学校の内外における集団での不良行為は、多くの生徒の安全を脅かします。

青少年に関する問題

1. 放課後や週末に長時間のアルバイトをする若者がいます。こういう場合、学校でよい成績を修めることが難しくなります。
2. 仕事の間、子どもの面倒を見てもらう金銭的余裕がない親もいます。そのため、幼い子どもが家に放っておかれ、時には危険なこともあります。

ステップⅠ　コミュニティの中の政策問題を明らかにする

コミュニティでの決まりごとに関する問題

1. 学校の近くでたばこや酒の宣伝や販売をしている店もあります。学校周辺ではふさわしくない物を売る店もあります。
2. 高齢者または障害者向けの施設のなかには、健康や安全基準を満たしていないものもあります。居住者たちがひどい扱いを受けているかもしれません。

基本的自由に関する問題

1. 選挙で投票をしない人がたくさんいます。地方選挙ではとくにそうです。
2. 政府の役職者の選挙にはお金がかかりすぎると言う人が多くいます。

環境に関する問題

1. 環境保護と雇用の確保で対立する問題を抱えているコミュニティもあります。
2. リサイクルのプログラムがない、あるいはきちんと機能していないコミュニティもあります。

B. 小グループ活動

2人か3人に分かれて、担当の問題について話し合います。その後、22ページの「問題の特定と分析用紙」の問題に答えなさい。

上で掲げられたもの以外の問題について調べたい場合は、そうしてもかまいません。

C. 宿題

もっと詳しくコミュニティの問題について調べる

次の3つの課題は、あなたのコミュニティの問題、それに対する政策についてより詳しく学ぶことにつながるでしょう。用意された用紙を使ってあなたが集め

た情報を記録しなさい。集めた情報は、後でクラスポートフォリオに使うこともあるので、すべて保管しておきましょう。

1. インタビューをしよう

18〜20ページで提案された問題、またはクラスで提案された問題のなかから1つを選び、家族や友だち、近所の人たちなどと話し合いなさい。あなたのコミュニティにおけるその問題について、彼らが知っていることや感じていることを調べなさい。情報の記録には、23ページの「インタビュー用紙」を使いなさい。

2. 新聞・印刷資料で調べよう

問題の裏づけとなる情報、コミュニティにおいてそれに対処している政策を見つけるため、新聞やその他の印刷資料を調べなさい。見つけた資料はクラスへ持っていき、先生やクラスメイトに伝えましょう。あなたが読んだ印刷資料の情報は、24ページの「新聞・印刷資料調査用紙」に記録しなさい。

3. ラジオ・テレビで調べよう

あなたが研究している問題や政策についてのニュースを、テレビで観たりラジオで聞いたりしなさい。その情報をクラスに持っていき、先生やクラスメイトに伝えましょう。集めた情報の記録には、25ページの「ラジオ・テレビ調査用紙」を使いなさい。

ステップⅠ　コミュニティの中の政策問題を明らかにする

問題の特定と分析用紙

班の人の名前：＿＿＿＿＿＿＿＿＿＿＿＿＿＿＿＿＿

日付：＿＿＿＿＿＿＿＿＿＿＿＿＿＿＿＿＿＿＿＿

問題：＿＿＿＿＿＿＿＿＿＿＿＿＿＿＿＿＿＿＿＿

1. これは、あなたやあなたのコミュニティの他の人々が重要だと思っている問題ですか。その理由は何ですか。

   ＿＿＿＿＿＿＿＿＿＿＿＿＿＿＿＿＿＿＿＿＿＿＿＿＿＿＿＿＿＿＿＿＿＿＿＿
   ＿＿＿＿＿＿＿＿＿＿＿＿＿＿＿＿＿＿＿＿＿＿＿＿＿＿＿＿＿＿＿＿＿＿＿＿

2. どの政府またはどの機関がこの問題を担当する責任がありますか。

   ＿＿＿＿＿＿＿＿＿＿＿＿＿＿＿＿＿＿＿＿＿＿＿＿＿＿＿＿＿＿＿＿＿＿＿＿
   ＿＿＿＿＿＿＿＿＿＿＿＿＿＿＿＿＿＿＿＿＿＿＿＿＿＿＿＿＿＿＿＿＿＿＿＿

3. この問題を解決するために政府がとるべき政策があるとしたら、それはどのようなものですか。

   ＿＿＿＿＿＿＿＿＿＿＿＿＿＿＿＿＿＿＿＿＿＿＿＿＿＿＿＿＿＿＿＿＿＿＿＿
   ＿＿＿＿＿＿＿＿＿＿＿＿＿＿＿＿＿＿＿＿＿＿＿＿＿＿＿＿＿＿＿＿＿＿＿＿

   もしすでに政策が出ている場合は、次の質問に答えなさい。
   ■その政策の利点と欠点は何ですか。

   ＿＿＿＿＿＿＿＿＿＿＿＿＿＿＿＿＿＿＿＿＿＿＿＿＿＿＿＿＿＿＿＿＿＿＿＿

   ■その政策はどのように改善できますか。

   ＿＿＿＿＿＿＿＿＿＿＿＿＿＿＿＿＿＿＿＿＿＿＿＿＿＿＿＿＿＿＿＿＿＿＿＿

   ■今の政策を変える必要がありますか。その理由は何ですか。

   ＿＿＿＿＿＿＿＿＿＿＿＿＿＿＿＿＿＿＿＿＿＿＿＿＿＿＿＿＿＿＿＿＿＿＿＿

   ■この政策について、コミュニティの中で意見の違いがある場合は挙げなさい。

   ＿＿＿＿＿＿＿＿＿＿＿＿＿＿＿＿＿＿＿＿＿＿＿＿＿＿＿＿＿＿＿＿＿＿＿＿

4. この問題や、個人や団体のさまざまな意見や見解についての詳しい情報は、どこで集めることができますか。

   ＿＿＿＿＿＿＿＿＿＿＿＿＿＿＿＿＿＿＿＿＿＿＿＿＿＿＿＿＿＿＿＿＿＿＿＿
   ＿＿＿＿＿＿＿＿＿＿＿＿＿＿＿＿＿＿＿＿＿＿＿＿＿＿＿＿＿＿＿＿＿＿＿＿

5. クラスで研究するのに役立つと思われるコミュニティの問題はほかにありますか。それはどんな問題ですか。

   ＿＿＿＿＿＿＿＿＿＿＿＿＿＿＿＿＿＿＿＿＿＿＿＿＿＿＿＿＿＿＿＿＿＿＿＿
   ＿＿＿＿＿＿＿＿＿＿＿＿＿＿＿＿＿＿＿＿＿＿＿＿＿＿＿＿＿＿＿＿＿＿＿＿

インタビュー用紙

あなたの名前：＿＿＿＿＿＿＿＿＿＿＿＿＿＿＿＿＿　日付：＿＿＿＿＿＿＿

問題：＿＿＿＿＿＿＿＿＿＿＿＿＿＿＿＿＿＿＿＿＿＿＿＿＿＿＿＿＿＿

1. インタビューを受けた人の名前：＿＿＿＿＿＿＿＿＿＿＿＿＿＿＿
   コミュニティでのその人の役割：＿＿＿＿＿＿＿＿＿＿＿＿＿＿
   （例：働いている人、退職した人、親、学生、ボランティア）
   注：その人が名前を知られたくない場合は、その人の権利を尊重してコミュニティでの役割のみを記入すること。

2. 研究している問題を説明し、次の質問をしなさい。答えを記録しなさい。
   a) あなたはこの問題が重要だと思いますか。それはなぜですか。
   ＿＿＿＿＿＿＿＿＿＿＿＿＿＿＿＿＿＿＿＿＿＿＿＿＿＿＿＿＿
   ＿＿＿＿＿＿＿＿＿＿＿＿＿＿＿＿＿＿＿＿＿＿＿＿＿＿＿＿＿

   b) これは、あなたやあなたのコミュニティの他の人々が重要だと思っている問題ですか。その理由は何ですか。
   ＿＿＿＿＿＿＿＿＿＿＿＿＿＿＿＿＿＿＿＿＿＿＿＿＿＿＿＿＿
   ＿＿＿＿＿＿＿＿＿＿＿＿＿＿＿＿＿＿＿＿＿＿＿＿＿＿＿＿＿

   c) この問題を解決するために政府がとるべき政策があるとしたら、それはどのようなものですか。すでに政策が出ている場合は、次の質問に答えてください。

   ■この政策の利点は何ですか。
   ＿＿＿＿＿＿＿＿＿＿＿＿＿＿＿＿＿＿＿＿＿＿＿＿＿＿＿＿＿
   ＿＿＿＿＿＿＿＿＿＿＿＿＿＿＿＿＿＿＿＿＿＿＿＿＿＿＿＿＿

   ■この政策の欠点は何ですか。
   ＿＿＿＿＿＿＿＿＿＿＿＿＿＿＿＿＿＿＿＿＿＿＿＿＿＿＿＿＿
   ＿＿＿＿＿＿＿＿＿＿＿＿＿＿＿＿＿＿＿＿＿＿＿＿＿＿＿＿＿

   ■どのように改善できると思いますか。
   ＿＿＿＿＿＿＿＿＿＿＿＿＿＿＿＿＿＿＿＿＿＿＿＿＿＿＿＿＿
   ＿＿＿＿＿＿＿＿＿＿＿＿＿＿＿＿＿＿＿＿＿＿＿＿＿＿＿＿＿

   ■今の政策を変える必要がありますか。その理由は何ですか。
   ＿＿＿＿＿＿＿＿＿＿＿＿＿＿＿＿＿＿＿＿＿＿＿＿＿＿＿＿＿
   ＿＿＿＿＿＿＿＿＿＿＿＿＿＿＿＿＿＿＿＿＿＿＿＿＿＿＿＿＿

   ■この政策について、コミュニティ内で意見の違いがある場合は挙げてください。
   ＿＿＿＿＿＿＿＿＿＿＿＿＿＿＿＿＿＿＿＿＿＿＿＿＿＿＿＿＿
   ＿＿＿＿＿＿＿＿＿＿＿＿＿＿＿＿＿＿＿＿＿＿＿＿＿＿＿＿＿

   d) わたし（とわたしのクラス）はどこでこの問題についての情報、そしてそれについてのさまざまな人の意見を集めることができますか。
   ＿＿＿＿＿＿＿＿＿＿＿＿＿＿＿＿＿＿＿＿＿＿＿＿＿＿＿＿＿
   ＿＿＿＿＿＿＿＿＿＿＿＿＿＿＿＿＿＿＿＿＿＿＿＿＿＿＿＿＿

新聞・印刷資料調査用紙

あなたの名前：＿＿＿＿＿＿＿＿＿＿＿＿＿＿＿＿　日付：＿＿＿＿＿＿

問題：＿＿＿＿＿＿＿＿＿＿＿＿＿＿＿＿＿＿＿＿＿＿

印刷物の著者・出版日：＿＿＿＿＿＿＿＿＿＿＿＿＿＿＿＿

記事の見出し：＿＿＿＿＿＿＿＿＿＿＿＿＿＿＿＿＿＿＿＿

1. 問題に関するその記事の見解

2. 見解の要旨

3. その情報によると、問題に対処するために現在、政府はどのような政策をとるべきですか。

もしすでに政策が出ている場合は、次の質問に答えなさい。

■この政策の利点は何ですか。

■この政策の欠点は何ですか。

■どのように改善できると思いますか。

■今の政策を変える必要がありますか。その理由は何ですか。

■この政策について、コミュニティの中で意見の違いがある場合は挙げなさい。

ラジオ・テレビ調査用紙

あなたの名前：＿＿＿＿＿＿＿＿＿＿＿＿＿＿＿　日付：＿＿＿＿＿　時間：＿＿＿＿＿
問題：＿＿＿＿＿＿＿＿＿＿＿＿＿＿＿＿＿＿＿＿＿＿＿＿＿＿＿＿＿＿＿＿＿＿＿

1. 情報源：＿＿＿＿＿＿＿＿＿＿＿＿＿＿＿＿＿＿＿＿＿＿＿＿＿＿＿＿＿＿＿

（例：テレビ・ラジオのニュース番組またはドキュメンタリー、インタビュー番組など問題に関連した番組）
その番組を観たり聞いたりした後、次の質問について考えなさい。

2. あなたの研究している問題は重要だと考えられていましたか。それはなぜですか。

3. その情報によると、問題に対処するために現在、政府はどのような政策をとるべきですか。

■この政策の利点は何ですか。

■この政策の欠点は何ですか。

■どのように改善できると思いますか。

■今の政策を変える必要がありますか。その理由は何ですか。

■この政策について、コミュニティの中で意見の違いがある場合は挙げなさい。

ステップⅠ　コミュニティの中の政策問題を明らかにする

ステップⅡ
クラス研究のための問題を選ぶ

ステップⅡの目的——
コミュニティの問題についてわかったことをクラス全体で話し合います。そしてクラス研究用の問題を選ぶために充分な情報が集まったかを確認します。

A. 話し合い

問題を選ぶために充分な情報が集まったかどうかの確認

次のステップに従い、クラス研究用の課題を選びなさい。

1. あなたのクラスが問題を選ぶために充分情報を得たと思うならば、多数決で問題を選びなさい。選ぶ問題はあなたたちとあなたたちのコミュニティにとって重要な問題でなければなりません。また、よいポートフォリオを作るため、あなたたちが情報を集められる問題でなければなりません。

2. あなたのクラスが問題を選ぶのにもっと情報が必要だと思うならば、問題についての情報を集めることがそれぞれの班の宿題となります。

ステップⅢ

クラスが研究する問題について情報を集める

ステップⅢの目的——
研究する問題は決まりました。次はさらにどこから情報を集めるかを決めます。他の情報源と比較することによって、より適切な情報源があることがわかるでしょう。たとえば、環境の問題を研究してみると、コミュニティの中で特定の個人や団体がほかよりも多くの情報をもっていることがわかります。

A. クラス活動

情報源を明らかにする

　次にあるのは、あなたが使うことのできる情報源のリストです。このリストを見て、どこへ連絡をとるか話し合って決めなさい。その後、調査班に分かれなさい。

　それぞれの調査班は、リストまたはクラスで提案された情報源のうちの1つから情報を集めます。情報の収集と記録には22～25ページと32～35ページの用紙を使います。情報源の例と連絡のとり方については、55～56ページの付録を参照しなさい。

　あなたの班の情報集めを大人のボランティアに手伝ってもらってもかまいませんが、作業そのものを頼ってはいけません。クラス・ポートフォリオを作るときに使うために、集めた情報はすべて保管しておきましょう。

　あなたが研究している問題について、誰かを教室に招いて教えてもらってもよいでしょう。

情報源の例

1. **図書館**
   あなたのコミュニティにある学校図書館や公共図書館、大学の図書館には、

あなたが調べている問題についての情報が載っている新聞やその他の出版物があります。必要な情報を見つけるには司書が助けてくれます。ポートフォリオに使う情報をコピーするためのコピー機もあるでしょう。

2. 新聞社

あなたのコミュニティにある新聞社に、連絡をとることもできます。新聞記者は、コミュニティの問題やそれについて政府がどう対処しているかなどの情報を集めています。あなたが調べている問題について、新聞の切り抜きを提供してくれるかもしれません。少しお金がかかるかもしれませんが、写真も提供してくれるでしょう。

3. 大学教授や研究者

地域の大学の教授が、あなたが研究している問題の専門家かもしれません。電話帳を見れば、近くの大学の広報課の番号がわかるでしょう。そこへ電話をかけて、手伝ってもらえそうな研究者を教えてもらいましょう。あなたのコミュニティの政治科目担当の高校教師に、連絡をとってみるのもよいでしょう。

4. 弁護士や裁判官

たいていの弁護士や裁判官は法律家協会に所属しています。法律家協会はいくつかの一般向け無料サービスを行っています。弁護士や裁判官は、コミュニティの多くの問題についての非常に有効な情報源です。学校の生徒の親に弁護士がいるかどうか、校長先生に聞いてみましょう。一番近い弁護士会を見つけるには、電話帳で調べましょう。

5. 地域団体や利益団体

わたしたちのコミュニティや国の問題について、多くの団体が活動しています。こういった団体は利益団体と呼ばれます。あなたのコミュニティや地域にも利益団体があるかもしれません。電話帳で事務局を探してみましょう。

最初の宿題であなたたちの問題について活動している利益団体を見つけたクラスもあると思います。先生や大人のボランティアが利益団体に電話をかけることや手紙を書くことを手伝ってもらいましょう。

6. 立法機関

立法機関の代表や市、州、国の政府、またアメリカ連邦議会は、問題を明らかにし、それに対処する政策を提案する責任があります。

あなたの地域の議会議員や州立法機関の代表は、あなたのコミュニティ、地域または州に事務所を持っています。事務所の住所と電話番号は電話帳で見つかります。それぞれの事務所には、あなたたちや他の市民がコミュニティや州、国の問題について情報を集めるための手伝いを担当している人が必ず1人はいます。連邦議会議員は、あなたが研究している問題についての報告を、連邦議会図書館の一部門である議会調査局から入手できるかもしれません。

7. 行政機関

　あなたの地域や州そして国の政府の行政機関で働いている人たちは、あなたのクラスが選んだ問題を扱っているかもしれません。広報課では問題やそれについて政府が何を行っているかという情報を提供してくれます。たとえば、あなたの地域政府には保健局や建築保全局などがあるかもしれません。このような適当な部署を見つけるには電話帳を使います。

8. 電子情報網

　上述のうちの多くをはじめ、たくさんの情報源がインターネットで見つかります。学校にインターネットの設備がない場合は、地域の図書館をあたってみましょう。

B. 情報収集と整理の仕方

　あなたが情報を探しに行くところで働いている人たちは、たいていとても忙しくしています。あなたのクラスが、情報を与えてくれる事務所や個人に大きな迷惑をかけないよう、次の点に気をつけましょう。

1. 図書館などの情報が集められている場所を訪問するとき

　図書館や、問題について情報をもっているさまざまな公共機関、私的団体へは、1人または少人数で訪問しましょう（32、33ページの「出版物整理用紙」を利用しなさい）。

2. 電話をかけるとき

　情報をもらうために事務所や個人へ電話をかける作業は、必ず1人の生徒が担当しましょう。電話をかける生徒は、インタビューから得た情報を正確に記録することが大切です（得た情報を記録するには34、35ページの手紙・インタ

ビュー整理用紙を利用しなさい)。

3. 人と約束をしてインタビューをするとき

生徒の1人が電話をかけて、インタビュー日時を約束しましょう。事務所や個人へのインタビューには少人数で訪問しましょう(情報を記録するには34、35ページの手紙・インタビュー整理用紙を利用しなさい)。

4. 手紙を書いて情報を請求するとき

1人または複数の生徒で事務所または個人宛てに情報請求の手紙を書きましょう。自分の住所を書いて切手を貼った返信用封筒を同封することで、返答がもらいやすくなるかもしれません(得た情報を記録するには32～35ページの適切な整理用紙を使いなさい)。

C. 宿題

あなたのコミュニティでの問題を調査する

どの情報源を利用するか決めた後、クラスを調査班に分けます。それぞれの

班が異なる情報源を担当します。

　班の中で、上にある情報源のどれかに連絡をする係になった場合は、まず自己紹介から始めましょう。そしてあなたの目的、または、なぜそこへ連絡をとっているのかを説明します。手紙または直接会って自己紹介をするには、次のガイドラインを使いなさい（返答を記録するには34、35ページの手紙・インタビュー整理用紙の情報を利用しなさい）。

自己紹介

　私の名前は(あなたの名前)です。私は(あなたの学校)の(あなたの学年、組、たとえば１年３組)の生徒です。

　わたしたちは地域の問題や、政府がどうその問題に対処しているか、そして市民がどのように自分たちの政府に参加できるかについて調査しています。

　わたしたちのクラスが研究している問題は、(問題についての簡単な説明)です。

　クラスで使う情報を集める担当をしています。

　今、いくつか質問してもよろしいですか。それとも、ご都合のよろしいときにかけ直しましょうか。ほかに質問できる方がいらっしゃいますか。

　こちらへお送りいただける資料はありますか（電話で話していて、「はい」という答えが返ってきたときのために、学校の住所を用意しておきなさい）。

ステップⅢ　クラスが研究する問題について情報を集める

出版物整理用紙

調査班員の名前：＿＿＿＿＿＿＿＿＿＿＿＿＿＿＿＿＿＿＿＿　日付：＿＿＿＿＿＿
訪問した図書館、事務所、機関またはホームページの名前：
＿＿＿＿＿＿＿＿＿＿＿＿＿＿＿＿＿＿＿＿＿＿＿＿＿＿＿＿＿＿＿＿＿＿＿＿＿
研究した問題：＿＿＿＿＿＿＿＿＿＿＿＿＿＿＿＿＿＿＿＿＿＿＿＿＿＿＿＿＿＿
＿＿＿＿＿＿＿＿＿＿＿＿＿＿＿＿＿＿＿＿＿＿＿＿＿＿＿＿＿＿＿＿＿＿＿＿＿

1. 情報源
   a. 出版物名：＿＿＿＿＿＿＿＿＿＿＿＿＿＿＿＿＿＿＿＿＿＿＿＿＿＿＿
   b. 著者(わかっている場合)：＿＿＿＿＿＿＿＿＿＿＿＿＿＿＿＿＿＿＿
   c. 出版日：＿＿＿＿＿＿＿＿＿＿＿＿＿
2. 出版物の中から、次の質問に答えるために役立つ情報をできるだけ記録しなさい。
   a. この問題は、コミュニティにとってどれくらい重大ですか。

   b. 州や国でもこのような問題は起きていますか。

   c. 次のうち、どれが正しいと思いますか。
      ■この問題に対処している法律や政策はない。　　　はい　　いいえ
      ■この問題に対処している法律は適切なものでない。　はい　　いいえ
      ■この問題に対処している法律は適切なものだが、うまく運用されていない。
      　　　　　　　　　　　　　　　　　　　　　　　　はい　　いいえ
   d. どのレベルの政府機関に、この問題に対処すべき責任がありますか。(あるとすれば)その機関はどのようなことを行っていますか。

e. コミュニティの中で、問題に対する政策または対処についてどのような意見の相違がありますか。

f. その問題について意見を述べているのは、どのような個人や団体ですか。
　■その人たちはなぜその問題に関心をもっているのですか。

　■どのような意見を述べていますか。

　■その人たちの意見の長所と短所は何ですか。

　■その人たちは、自分たちの意見を政府に受け入れてもらうよう、どのようなことをしていますか。

g. その人たちの意見について、より情報を集めるにはどうしたらよいですか。

手紙・インタビュー整理用紙

調査班員の名前：＿＿＿＿＿＿＿＿＿＿＿＿＿＿＿＿＿＿＿＿　日付：＿＿＿＿＿＿

調査した問題：＿＿＿＿＿＿＿＿＿＿＿＿＿＿＿＿＿＿＿＿＿＿＿＿＿＿＿＿＿＿

1. 情報源（情報を提供してくれた人の名前、必要ならばその人の役職と団体名も書きなさい）

    名前：＿＿＿＿＿＿＿＿＿＿＿＿＿＿＿＿＿＿＿＿＿＿＿＿＿＿＿＿＿＿＿＿

    役職と団体名：＿＿＿＿＿＿＿＿＿＿＿＿＿＿＿＿＿＿＿＿＿＿＿＿＿＿＿

    所在地：＿＿＿＿＿＿＿＿＿＿＿＿＿＿＿＿＿＿＿＿＿＿＿＿＿＿＿＿＿＿

    電話番号：＿＿＿＿＿＿＿＿＿＿＿＿＿＿＿＿＿＿＿＿＿＿＿＿＿＿＿＿＿

2. 問題についての情報請求

    31ページに示されたとおり、手紙や電話で自己紹介をした後、次の質問の答えを聞きなさい。

    a. この問題は、コミュニティにとってどれくらい重大ですか。

    　　＿＿＿＿＿＿＿＿＿＿＿＿＿＿＿＿＿＿＿＿＿＿＿＿＿＿＿＿＿＿＿＿
    　　＿＿＿＿＿＿＿＿＿＿＿＿＿＿＿＿＿＿＿＿＿＿＿＿＿＿＿＿＿＿＿＿
    　　＿＿＿＿＿＿＿＿＿＿＿＿＿＿＿＿＿＿＿＿＿＿＿＿＿＿＿＿＿＿＿＿

    b. 州や国でもこのような問題は起きていますか。

    　　＿＿＿＿＿＿＿＿＿＿＿＿＿＿＿＿＿＿＿＿＿＿＿＿＿＿＿＿＿＿＿＿
    　　＿＿＿＿＿＿＿＿＿＿＿＿＿＿＿＿＿＿＿＿＿＿＿＿＿＿＿＿＿＿＿＿
    　　＿＿＿＿＿＿＿＿＿＿＿＿＿＿＿＿＿＿＿＿＿＿＿＿＿＿＿＿＿＿＿＿

    c. この問題は、なぜ政府が対処すべきなのですか。誰かほかにも、問題解決のために責任を果たすべき者はいますか。それはなぜですか。

    　　＿＿＿＿＿＿＿＿＿＿＿＿＿＿＿＿＿＿＿＿＿＿＿＿＿＿＿＿＿＿＿＿
    　　＿＿＿＿＿＿＿＿＿＿＿＿＿＿＿＿＿＿＿＿＿＿＿＿＿＿＿＿＿＿＿＿
    　　＿＿＿＿＿＿＿＿＿＿＿＿＿＿＿＿＿＿＿＿＿＿＿＿＿＿＿＿＿＿＿＿

    d. 次のうち、どれが正しいと思いますか。

    　　■この問題に対処している法律や政策はない。　　　はい　　いいえ

    　　■この問題に対処している法律は適切なものでない。　はい　　いいえ

    　　■この問題に対処している法律は適切なものだが、うまく運用されていない。
    　　　　　　　　　　　　　　　　　　　　　　　　　　はい　　いいえ

    e. どのレベルの政府機関に、この問題に対処すべき責任がありますか。（あるとすれば、）その機関はどのようなことを行っていますか。

    　　＿＿＿＿＿＿＿＿＿＿＿＿＿＿＿＿＿＿＿＿＿＿＿＿＿＿＿＿＿＿＿＿
    　　＿＿＿＿＿＿＿＿＿＿＿＿＿＿＿＿＿＿＿＿＿＿＿＿＿＿＿＿＿＿＿＿
    　　＿＿＿＿＿＿＿＿＿＿＿＿＿＿＿＿＿＿＿＿＿＿＿＿＿＿＿＿＿＿＿＿

f. コミュニティの中で、この問題についての意見の相違があれば、それはどのようなものですか。

g. その問題について意見を述べているのは、どのような個人や団体ですか。
■その人たちはなぜその問題に関心をもっているのですか。

■どのような意見を述べていますか。

■その人たちの意見の長所と短所は何ですか。

■その人たちの意見について、どうしたら情報を得ることができますか。

■その人たちは、自分たちの意見を政府に受け入れてもらうよう、どのような行動をとっていますか。

h. わたしたちのクラスが問題に対する政策を作ったならば、どのように政府に影響を与えたらよいと思いますか。

ステップⅣ

クラスポートフォリオを作成する

ステップⅣの目的──
これまでに、クラスポートフォリオを作成するのに充分な研究をしました。クラスを4班に分け、各班がポートフォリオの1部ずつを担当します。
ポートフォリオの材料には、クラスそして各グループが問題調査で集めた最もよい資料を使いましょう。自分たちで書いた資料や絵もポートフォリオに入れましょう。

A. ポートフォリオの設計

ポートフォリオでは、4グループすべての作業が重要な役割を果たします。ポートフォリオは展示部と資料部の2部構成となっています。

1. 展示部

ここでは、4グループの作業がそれぞれ4つの展示部に配置されます。展示板は4枚のポスターまたはフォームコア板を使用し、大きさは横32インチ(82センチ)、縦40インチ(100センチ)以下でなければなりません。ポートフォリオは机や掲示板、黒板などに展示できるように作成してください。

展示資料には、記事、情報源、表、グラフ、写真そして自分たちの絵などが使えます(17ページの挿絵を参照)。

2. 資料部

各グループは、自分たちが集めた中から最もよい証拠となる資料を選びます。資料部に使われる資料は、あなたたちが行った調査のなかで最も重要なものから選びます。すべての調査資料を入れるわけではありません。

資料は厚さ2インチ以下の3つ穴バインダーに入れてください。4部に分けるには色違いの仕切りを使い、各部に目次をつけてください。

B.各ポートフォリオ班の課題

　各ポートフォリオ班の課題は次のとおりです。各グループは、次の課題を完成するために役立つと思う資料をすべてのグループが集めた情報のなかから選びます(各グループ用の詳しい指示は次のページのDにあります)。

1班:問題の説明
　この班はクラスが調査する問題の説明を担当します。なぜこの問題が重要なのか、そしてどの政府または政府機関が問題に対処すべきかを説明します。

2班:問題に対処するための選びうる政策を評価する
　この班は、問題解決のために今ある政策、そして(または)提案されている政策の説明を担当します。

3班:クラスが支持する政策を展開する
　この班はクラスの大多数が支持する、ある特定の政策を詳しく説明し、支持

の理由を充分に示すことを担当します。

4班:クラスの政策を政府が受け入れるための行動計画の作成

この班は、クラスの政策を政府が受け入れるため、市民がどのように影響を与えることができるかということを示す行動計画の作成を担当します。

C. ポートフォリオ評価基準

次のページのポートフォリオ基準チェックリストは、あなたたちがよりよいポートフォリオを作成するのに役立つでしょう。ポートフォリオ作成のガイドとして使用しなさい。ポートフォリオ基準チェックリストにある項目以外にも、あなたたちのポートフォリオの全体的な効果を考えてください。創造的な問題解決と自分たちのアイディアも大切です。提出する情報の選択は充分に行いましょう。

あなたのクラスが他のクラスのポートフォリオとのコンテストに応募した場合、審判員はポートフォリオの評価に基準チェックリストを使用します。ポートフォリオの各部と全体の採点をします。

D. ポートフォリオ班への指示

以下において、各班の特定の課題についてより詳しい指示を出しています。各班が特定の課題を行いますが、他の班とも話し合い、アイディアや情報を交換することが大切です。最良のポートフォリオを作るには、各班が自分たちの作業進行状況をクラス全体に報告し、他の班と協力しなければなりません。

ポートフォリオの展示部や資料部に載せる項目を決めるのは、みんなの共同作業です。それによって、同じ情報を載せたりすることを防ぎ、最高の資料や証拠の展示ができるのです。

ポートフォリオ基準チェックリスト

ポートフォリオの各部の基準

- ■簡潔さ
  - ・40〜47ページのポートフォリオ班1〜4にある資料が各部に含まれているか。
  - ・必要以上の資料を載せていないか。
- ■明確さ
  - ・ポートフォリオはよく整理されているか。
  - ・ポートフォリオは文法やつづりの間違いがなく、正確に書かれているか。
  - ・主なポイントや議論は理解しやすいか。
- ■情報
  - ・情報は正確か。
  - ・情報は主な事実と重要な考えを含んでいるか。
  - ・使った情報は主題を理解するのに重要か。
- ■根拠立て
  - ・主なポイントを説明または主張／立証する例を載せたか。
  - ・主なポイントを充分に説明したか。
- ■図表
  - ・担当部分の内容に関連した図表か。
  - ・その図表は情報を提供しているか。見出しや表題がついているか。
  - ・図表は展示を理解するのに役立つか。
- ■資料
  - ・ポートフォリオの部分で主なポイントを整理したか。
  - ・信頼できるさまざまな情報を利用したか。
  - ・情報を引用したり言い換えた場合、それぞれの内容を確認したか。
  - ・資料は展示に関連したものか。
  - ・良質で最も重要な情報のみを選んだか。
- ■合憲性
  - ・合憲性審査用紙を添付したか。
  - ・提案した政策がなぜ違憲でないかを説明したか。

ポートフォリオ全体の基準

- ■説得力
  - ・ポートフォリオは選んだ問題が重要だという充分な証拠を含んでいるか。
  - ・提案した政策は問題を率直に提示しているか。
  - ・ポートフォリオは提案した政策への人々の支持をどのように得るか説明しているか。
- ■実用性
  - ・提案した政策は実用性があり現実的か。
  - ・提案した政策への支持を得るための計画は現実的か。
- ■協調性
  - ・展示ポートフォリオの4部はそれぞれ同じ情報を繰り返すことなく、互いに関連したものになっているか。
  - ・資料部は展示部を裏づける証拠を含んでいるか。
- ■反省
  - ・ポートフォリオの作成を反省的に検討したり評価している部分は、クラスの経験を充分に説明しているか。
  - ・ポートフォリオ作成の経験から学んだことをはっきりと示したか。

ポートフォリオ第1班

問題の説明

あなたの班は、展示部と資料部の第1章で問題の説明をする担当です。

A. ポートフォリオの展示部：第1章

第1章は次を含みます。

1. 問題の要旨

研究班が集めた資料を検討し、問題を2ページ以内の文章で説明しなさい（そのとき、行間は1行ずつとること）。次の質問の回答から学んだことをまとめなさい。

a. あなたたちが研究した問題は、コミュニティの中でどれくらい重大ですか。
b. その問題は、州や国ではどれくらい広がっていますか。
c. なぜその問題は政府が対処すべきなのですか。問題の解決に他の人が責任をもつべきだとは思いませんか。それはなぜですか。
d. 次のうち、どれが本当だと思いますか。
   ■その問題に対処している法律や政策はない。
   ■その問題に対処している法律は適切でない。
   ■その問題に対処している法律は適切だが、うまく運用されていない。
e. あなたのコミュニティの中で、問題に対する政策または対処についてどのような不満がありますか。
f. その問題について意見を述べているのは、どのような個人や団体ですか。
   ■その人たちはなぜその問題に関心をもっているのですか。
   ■どのような意見を述べていますか。
   ■その人たちの意見の長所と短所は何ですか。
g. どの政府または政府機関がその問題に対処する責任をもっていますか。政府はどのような行動をとっていますか。

2. イラストでの発表

問題の説明には、図表、グラフ、写真、政治漫画、新聞の見出しなどのイラス

トを使用できます。印刷物からの引用でも自分たちで描いたものでもかまいません。それぞれのイラストには、見出しまたは表題をつけてください。

3. 情報源の明記

クラスで使った情報源を最低1ページは明記してください。

B. ポートフォリオの資料部：第1章

クラスで作る資料バインダーの第1章には問題の調査・説明のために集め、使用した資料のなかで最も重要なものを入れてください。たとえば、次のようなものが挙げられます。

- ■新聞や雑誌の切り抜き
- ■コミュニティの人たちへのインタビューの報告書
- ■テレビまたはラジオでの問題についての特集の報告書
- ■公的または私的な利益団体とのやりとり
- ■政府出版物からの抜粋

長い文書や報告書には見出し、目次そして1ページの要約（文書からコピーしたもの、または自分たちで書いたもの）をつけてください。この章の目次も忘れずに用意してください。

ポートフォリオ第2班

問題に対して選びうる政策を調査する

あなたの班は、問題に対して今ある政策、またはそれ以外に提案されている政策をきちんと説明し評価する担当です。あなたたちの作業はクラスポートフォリオの展示部・資料部の第2章になります。

A. ポートフォリオの展示部：第2章

この章には次のものが含まれます。

1. 提案されている政策の要旨

異なる個人や団体から提案されている政策から2、3を選び（現在の政策も含む）、それぞれの政策について次の質問の答えを1ページ以内（行間は1行ずつ

とする)にまとめなさい。
   a. 個人または団体が提案している政策はどのような内容か。
   b. その政策の長所と短所は何か。
 2. イラストでの発表
  問題の説明には、図表、グラフ、写真、政治漫画、新聞の見出しなどのイラストを使用できます。印刷物からの引用でも自分たちで描いたものでもかまいません。それぞれのイラストには、見出しまたは表題をつけてください。
 3. 情報源の明記
  クラスで使った情報源を最低1ページは明記してください。

B. ポートフォリオの資料部：第2章

 クラスで作る資料バインダーの第2章には政策の調査・評価のために集め、使用した資料のなかで最も重要なものを入れてください。たとえば、次のようなものが挙げられます。
  ■新聞や雑誌の切り抜き
  ■コミュニティの人たちへのインタビューの報告書
  ■テレビまたはラジオでの問題についての特集の報告書
  ■公的または私的な利益団体とのやりとり
  ■政府出版物からの抜粋
 長い文書や報告書には見出し、目次そして1ページの要約(文書からコピーしたもの、または自分たちで書いたもの)をつけてください。この章の目次も忘れずに用意してください。

ポートフォリオ第3班

問題に対する政策を提案する

 あなたの班は、問題に対処する政策を提案する担当です。あなたの班が選ぶ政策は、クラスの大多数の賛成を得ていなければなりません。また、その政策が連邦憲法あるいは州憲法に反するものでないことが重要です。46、47ページの合憲性審査用紙を使って、あなたたちの政策が連邦憲法あるいは州憲法

に違反していないか確認しましょう。政策が決まったら、次のなかからどうするかを決めます。

■ポートフォリオ第2班が扱った政策のなかから、1つを支持する。
■政策のうち、1つに修正を加える。
■自分たちの政策を立てる。

A. ポートフォリオの展示部：第3章

この章には次のものが含まれます。

1. あなたたちが提案する政策の説明および弁護

あなたのクラスが選んだ政策について説明し、支持する理由を書きなさい。文書は1ページ以内（行間は1行ずつとする）にまとめ、次のことを説明しなければなりません。

a. あなたのクラスが支持する政策が問題に最もよく対処している理由。
b. あなたたちの政策の長所と短所は何か。
c. あなたのクラスの政策が、連邦憲法または州憲法に違反していない、と考える理由。この質問の答えの記録には46、47ページの合憲性審査用紙を使いなさい。仕上がった用紙は資料部に入れなさい。この部分を完成するには、クラス全体で作業することを忘れないでください。
d. あなたの提案している政策を実行するのは、どこの政府または政府機関ですか。それはなぜですか。

2. イラストでの発表

政策と問題の解決に関連した図表、グラフ、写真、政治漫画、新聞の見出しなどのイラストを使用できます。印刷物からの引用でも自分たちで描いたものでもかまいません。それぞれのイラストには、見出しまたは表題をつけてください。

3. 情報源の明記

クラスで使った情報源を最低1ページは明記してください。

B. ポートフォリオの資料部：第3章

クラスで作る資料バインダーの第3章には、政策を立てるために集め、使用した資料のなかで、最も重要なものを入れてください。たとえば、次のようなも

のが挙げられます。
- ■新聞や雑誌の切り抜き
- ■コミュニティの人たちへのインタビューの報告書
- ■テレビまたはラジオでの問題についての特集の報告書
- ■公的または私的な利益団体とのやりとり
- ■政府出版物からの抜粋

長い文書や報告書には、見出し、目次そして1ページの要約（文書からコピーしたもの、または自分たちで書いたもの）をつけてください。この章の目次も忘れずに用意してください。

ポートフォリオ第4班

行動計画を立てる

あなたの班は、行動計画を立てる担当です。行動計画には、あなたの政策が政府によって受け入れられ、実施されるためにとるべき行動が含まれます。クラス全体が行動計画を立てる作業を行いますが、あなたの班がポートフォリオの展示部・資料部第4章に行動計画の説明を載せます。

A. ポートフォリオの展示部：第4章

この章には次のものが含まれます。

1. コミュニティの個人や団体からあなたたちが提案する行動への支持をどう集めるか

文書は1ページ以内（行間は1行ずつとする）にまとめ、次のことを説明していなければなりません。

- a. コミュニティの中で、あなたたちの提案する行動を支持してくれると思われる影響力のある個人や団体。
- b. あなたたちの政策に反対するかもしれないコミュニティの中の団体。あなたたちの政策を支持してくれるよう、どう説得するか説明しなさい。

2. あなたたちの政策への支持を、どのように政府から得ることができるか

主なポイントは1ページ以内（行間は1行ずつとする）にまとめ、次のことを説

明していなければなりません。

　a.　あなたたちの政策を支持してくれると思われる影響力のある政府関係者や機関を挙げなさい。どのように彼らの支持を得るか、簡単に説明しなさい。

　b.　政府の中で、あなたたちの政策に反対すると思われる人を挙げなさい。どのように彼らを説得するか説明しなさい。

3.　イラストでの発表

政策と問題の解決に関連した図表、グラフ、写真、政治漫画、新聞の見出しなどのイラストが使用できます。印刷物からの引用でも自分たちで描いたものでもかまいません。それぞれのイラストには、見出しまたは表題をつけてください。

4.　情報源の明記

クラスで使った情報源を最低1ページは明記してください。

B. ポートフォリオの資料部：第4章

クラスで作る資料バインダーの第4章には、行動計画を立てるために集め、使用した資料のなかで、最も重要なものを入れてください。たとえば、次のようなものが挙げられます。

- ■新聞や雑誌の切り抜き
- ■コミュニティの人たちへのインタビューの報告書
- ■テレビまたはラジオでの問題についての特集の報告書
- ■公的または私的な利益団体とのやりとり
- ■政府出版物からの抜粋

長い文書や報告書には、見出し、目次そして1ページの要約（文書からコピーしたもの、または自分たちで書いたもの）をつけてください。この章の目次も忘れずに用意してください。

合憲性審査用紙
(以下、審査用紙)

　アメリカ合衆国憲法および権利章典は、人々の権利保護に関しての政府の行動に制限を設けています。各州の憲法も同様です。

　政府へ問題に対処するべき政策の採択や法律の施行を提案する場合は、必ず、連邦憲法および州憲法に違反していることを要求しないことが重要です。ひとりひとりの市民は、現行および提案されている政策や法律が政府の憲法上の制限を侵していないか確認する権利と義務をもっています。

　このチェックリストには、政府がわたしたちの権利を保護するために決められた連邦憲法および州憲法上の非常に重要な制限が含まれています。あなたたちの提案している政策がこれらの制限を侵していないか確認しなさい。

　この作業はクラス全体で行います。結果はポートフォリオの展示部・資料部の第3章に入れなさい。

チェックリスト

1. 政府が人々の信仰の自由に介入することは許されていません。わたしたちが提案する政策は、この政府の権力の制限を侵害しています(していません)。理由を説明しなさい。

2. 政府が人々の言論その他の表現の自由に不当または不正な制限を設けることは許されていません。わたしたちが提案する政策は、この政府の権力の制限を侵害しています(していません)。理由を説明しなさい。

3. 政府が裁判またはその権限をもつ別の政府機関での公正な審判なしに、人々の生命、自由または財産を取り上げることは許されていません。わたしたちが提案する政策は、この政府の権力の制限を侵害しています（していません）。理由を説明しなさい。

4. 政府が充分に正当な理由なしに人々の家庭の秘密を侵害することは許されていません。わたしたちが提案する政策は、この政府の権力の制限を侵害しています（していません）。理由を説明しなさい。

5. 政府が人種、信仰、年齢、民族（または国籍）および性別を理由に不当または不正に人々を差別する法律を作ることは許されていません。わたしたちが提案する政策は、この政府の権力の制限を侵害しています（していません）。理由を説明しなさい。

まとめ

　あなたのクラスが提案する政策が、連邦憲法および州憲法に違反しないと考える理由をまとめなさい。

ステップⅣ　クラスポートフォリオを作成する

ステップV

ポートフォリオを発表する

ステップVの目的──
あなたのクラスのポートフォリオが完成したら、みんなの前で発表をしましょう。あなたの学校やコミュニティを代表する3、4人の審査員の前で発表してみましょう。審査員は、あなたたちがポートフォリオの作成に使ったものと同じ基準をもとに、あなたたちの発表を"判定"します。これは、他の人に重要な考えを発表したり、あなたの立場を納得させたりする、貴重な経験となるでしょう。

発表の基本的な目的は次のとおりです。
1. あなたのコミュニティの重要な問題をみんなに伝える。
2. 聞き手がそれぞれの政策の長所と短所の両方が理解できるよう、説明・評価を行う。
3. 問題に対処するためにあなたたちが提案した政策が最も「適切」であることを論じ、その政策の「主張・立証」を行う。あなたたちの政策が連邦憲法および州憲法に違反しないことを明らかにし、それを主張・立証する。
4. コミュニティそして担当政府の立法および行政機関でどのように政策への支持を得るかを示す。

それぞれの目的は、ポートフォリオの展示を担当した4つの班に対応したものです。ポートフォリオの発表は、以下の指示を参照しながら、各班が行います。

A. 口頭発表の始まり

最初の4分間は、各班が担当したパートで最も重要な情報を口頭で発表します。
1. ポートフォリオの展示部および資料部に基づいていなければなりませんが、そのまま読んではいけません。

2．説明をしたりポイントを強調したりするには、ポートフォリオの図表などを使いましょう。
3．口頭発表の間は、ポートフォリオに使用されている資料のみが使用できます。ビデオ、スライド、コンピューターを使った新しい資料での説明はしないでください。

B. 質問

続いての６分間は、あなたたちのポートフォリオについて審査員が質問をする時間です。次のようなことが求められるかもしれません。
1．あなたたちの論点のさらに詳しい説明
2．あなたたちの論点の具体例の列挙
3．あなたたちの主張や立場への答弁
4．あなたたちが経験したことについての質問。どういう点が難しかったか。このコミュニティの問題を調査して学んだいちばん大切なことは何か

C. 準備

公の場で発表をしたことのある両親やコミュニティの人々に、あなたの班の指導を頼むとよいでしょう。市政府や市民団体・地域団体で活動をしている人々はとても助けになるでしょう。

大人の前で発表を行う前に練習をしましょう。クラスメイトや他のクラスの人たちの前で練習してみましょう。

D. ガイドライン

各班からできるだけ多くの人が口頭発表と質問に参加できるようにしましょう。口頭発表は１人か２人の生徒だけが独占してはいけません。ポートフォリオの準備にもあった、協力して学ぶ姿勢が示されなければなりません。

審査員に向かってポートフォリオをただ読み上げてはいけません。最も重要

な情報および議論を選び、それを会話方式で発表します。口頭発表ではノートを見てもかまいませんが、質問の間は見てはいけません。

口頭発表の制限時間の4分を使い切らなかった場合は、余った時間は次の質問時間に加えられます。審査員の質問に答える時間は各班10分間です。

口頭発表には、あなたの班のポートフォリオに載せてある資料だけを使うことができます。

E. 評価基準

あなたのクラスが口頭発表のあるコンテストに応募する場合は、審査団によって点数がつけられます。発表の審査に使われる基準については、先生から説明を受けてください。

ステップⅥ
自分たちの学習経験を評価する

ステップⅥの目的──
体験したことや成し遂げたプロジェクトを振り返って考えたり、反省したりすることはよいことです。これは、将来の間違いをなくし、また、あなたの能力を向上させる、ひとつの学習方法です。

クラスのポートフォリオが完成したところで、資料部のバインダーに反省または評価のパートを追加してください。ここでは、次のことを簡単に説明します。
- ■あなたとあなたのクラスメイトは何をどのように学んだか。
- ■もう一度、ポートフォリオを作るならば、どう変えるか。

あなたたちの経験を評価する作業は、このプロジェクトを通して行われてきたように、共同作業です。個人として、そしてクラスの一員としての反省点を考えましょう。このプロジェクトで協力してくれた先生や大人にも手伝ってもらいましょう。

ポートフォリオの発表は、この最後の部分を完成させる前に行うほうがよいでしょう。聞き手からの質問やポートフォリオへの反応が、あなたたちの学習そしてポートフォリオ作成経験の評価に役立つからです。

結論

政策作成に影響を与える技術を磨き続けることは大切です。こういった技術が将来必要となるでしょう。たいていの政策は見直される必要がある、ということを覚えておいてください。新しい問題には新しい政策が必要なのです。

ガイドライン

あなたの経験を評価するために次の質問について考えてみましょう。
1. クラスメイトと一緒に作業をして、自分は何を学んだか。
2. ポートフォリオの作成で、政策についてクラス全体は何を学んだか。
3. このプロジェクトで、自分はどのような技術を学んだか、または向上させたか。
4. このプロジェクトで、クラス全体はどのような技術を学んだか、または向上させたか。
5. 共同作業の良い点は何か。
6. 共同作業の悪い点は何か。
7. 自分は、何がよくできたか。
8. クラス全体として、何がよくできたか。
9. どうしたら自分の問題解決能力を向上させることができるか。
10. どうしたらクラス全体の問題解決能力を向上させることができるか。
11. もう一度、別の政策についてポートフォリオを作るならば、どのような点に気をつけるか。

政策の形成、そしてそれに対して意見をもつということは、民主的で自治的な社会における市民としての生涯にわたる責任です。

用　語　集

　このテキストで使われている言葉の意味を、わかりやすく用語集にまとめました。ここには、公民科(シビックス、教科名)に関連するもので、政治の学習や(公共)政策の形成でよく使われる用語も追加してあります。もっと詳しい定義については、自分で辞書を調べてみましょう。

アメリカ合衆国議会——上院および下院議員からなるアメリカの立法府

インタビュー——事実やその他の情報を収集するための会話

選びうる政策——特定の必要性や問題を処理するための有効なその他の対策・活動

下院議員選挙区——アメリカ合衆国の435の地区。約5万人が下院議員を選挙で選ぶ

価値——自由、正義、忠誠といった人々が最も大切であると思っているもの。価値は行為の判断基準となる。たとえば正直さは人の行為を判断する際に使われる価値である

基準——審判で使われるルールや制限

基本的自由——信仰の自由、表現の自由、法のデュー・プロセスといった民主社会の基本にある自由

教授——カレッジや大学の教師

行政——(公共)政策や実施手続きを日常的に管理すること

行政機関——政府や関連機関の日常業務を運営・実施する政治部門・部署

区画計画——コミュニティを地域に分割し、各地域がどのように利用されるかを決める地方の決まり

区画計画の部署——住宅、商業、娯楽などの特定の目的のための土地利用を決定、調整する地方政府の機関

研究者——特定の分野において進んだ研究や調査を行った人

公共政策——個人の権利保障や国民の福祉向上といった責任の実現のためになされた合意。立法府により法律になる政策もあれば、政府の執行機関を担う部門である行政府により規則や要綱に盛り込まれる政策もある

合憲性——合衆国憲法に違反していないこと

口頭——書くのではなく話す行為

公民——市民あるいは市民の一員であること

コミュニティでの決まりごと——市やコミュニティに住む人々が合意している受入れ可能な行為の程度

ジェンダー——男性または女性としての人の分類

市政府——法律の作成、実施を担う政府の単位

実用性——理想的ではなく現実的な状態

市の監査官——法律や規則に基づいているかを監督する、市に採用された人々

市民——構成員としての権利や特権をもち、義務や責任を果たす資格のある国民（市民権）

仕様——的確な描写をしたもののリスト

証拠——ある立場（見解）を擁護する証拠として公式に提出された文書や物

情報源——情報を提供する資料または人

資料部——各班が集めた原文書や調べて選別した資料を入れたポートフォリオの一部分

図表による発表——ポートフォリオの主な点をはっきりとイメージ化する絵やグラフ

政策——特定の目的を達成するために立てられた行動計画

政府機関——法律や公共政策の実施を担う地方、州、国家の政府の執行部門のひとつ

施行——法律や公共政策に人々を従わせること

説得力——他の人を説得する力

争点——討議または論争となっている議題

地方政府——市、タウン、町村、地区の要請に応じる政治の一単位

地域団体——共通の目的の実現をめざすコミュニティの住民からなるグループ

調整——効率的に一緒に活動すること

提示——どのように行われているかを見せること

展示部——観衆のために展示されているポートフォリオの一部分。ポートフォリオ全体の概容を見ることができる

統計——数字によるデータ

抜粋——本や他の出版物から引用した一節や一部

反省——充分に考えること、または熟慮すること

分析——要素に分けて調べ、ある事象を詳細に検討すること

法案——立法府に提案されている法律案

法律——政府が作成、施行する決まり

民族グループ——祖先、伝統、慣習を共有することでしばしば定義される文化的集団

利益集団——共通の利益または目的をもつ人々の集まり

立法機関——立法者とその職員

立法府——法律を作成するために有権者により選ばれた人々の集まり

ロビイスト——立法者に影響を与えるため、特定の集団の利益を訴える人々

要約——新聞記事などの文書の重要な論点をまとめたもの

付　　録

　あなたの学校や公共の図書館には、参考文献が備えられています。以下のページには、電話帳、民間企業の住所録、役所や公的機関の一覧などといった、参考文献に掲載されているリストの典型的な例を示しておきます。

付録A　図書館

　以下のリストのサンプルは、電話帳からとったものです。あなたの住んでいるコミュニティの図書館を見つけるには、あなたのコミュニティの電話帳を使ってください。

（訳注：サンプルは省略）

付録B　新聞社

　以下のリストのサンプルは、電話番号案内に相談して得られたものです。あなたの住んでいるコミュニティにある新聞社を見つけるには、あなたのコミュニティの電話帳を使ってください。

（訳注：サンプルは省略）

付録C　大学教授や研究者

　これは、ある州立大学で教授や研究者を見つける方法を示しているリストのサンプルです。これは、電話帳からとったものです。あなたの住んでいるコミュニティの大学を見つけるには、あなたのコミュニティの電話帳を使ってください。

（訳注：サンプルは省略）

付録D　法律家、裁判官、法律家協会

　コミュニティの弁護士を見つけるには、あなたのコミュニティの電話帳を使ってください。

　裁判官は、彼らが働いている地区の裁判所で見つけることができると思います。たとえば、地方裁判所裁判官は、地方裁判所で見つけることができますし、高等裁判所の裁判官に会いたければ、あなたの住んでいる郡の高等裁判所に電話します。

　法律家協会は、加入者別電話帳の中に、特別の見出しをつけて掲載されています。

（訳注：サンプルは省略）

付録E　企業

（訳注：サンプルは省略）

付録F　地域のグループや利益団体

　あなたのコミュニティのグループや利益団体を見つけるには、電話帳や公共機関のリストを使うことができます。あなたの学校にある図書室や公共図書館の図書館員があなたを手助けしてくれるでしょう。

（訳注：サンプルは省略）

付録G　市役所

　　付録G～Iは、いくつかの電話帳から抜粋したものです。似たようなリストを見つけるには、あなたのコミュニティの電話帳を使ってください。

（訳注：サンプルは省略）

付録H　州政府

（訳注：サンプルは省略）

付録I　連邦政府

（訳注：サンプルは省略）

教師用ガイド

We the People...

PROJECT CITIZEN

Teacher's Guide

Center for Civic Education
and the
National Conference of State Legislatures

教師への序文

　公民教育プログラムであるWe the People...PROJECT CITIZENへのみなさんの(あなたのクラスの)参加をたいへんうれしく思っています。ガイドには、あなたのクラスが成功するために必要な情報のみを掲載しています。このガイドをテキストと併用すれば、あなたとあなたの生徒たちは楽しく、価値ある学習経験を積むこととなるでしょう。

　ガイドの指示および手順について質問があれば、センターまでお電話ください。

　テキストとガイドは、教師、教育課程の専門家、研究者などによるはかりしれない協力によって見直されてきました。改善すべき点、明確にすべき点、あるいは見直すべき点もあるかと思います。プログラムをよりよいものとするため、評価アンケートを使ってあなたの意見を私たちにお寄せください。

　このプログラムが、みなさんにとって、わくわくするような価値ある法教育の経験となることを期待しております。

Charles N. Quigley

参加について：概要

A. 目的

リンカーンの言葉に、私たちは「人民の、人民による、人民のための」政府を継授している、というものがあります。自分たちの統治活動に参加する権利、つまり自分たちの権利の保護と公共の福祉の促進には、特定の責任も伴います。その責任には、理性的に政治に参加するための知識とスキルの習得、そしてすべての人々のために自由と正義を促進する意欲をもつことが必要とされます。

ゴール

We the People...PROJECT CITIZENは、政治の過程において使用される方法と手続きを通して、生徒たちに教育を行うプログラムです。そのゴールは、次のことによって生徒たちの積極的な市民性と統治活動への関与を発展(向上)させることです。

- ■効果的な参加に必要な知識とスキルの提供
- ■能力と効率性の感覚を育むための実際的な経験の提供
- ■市民参加の重要性についての理解の促進

このプログラムにより、生徒たちの知識を増やし、スキルを向上させ、そしてわたしたちすべての「市民」が、ともにコミュニティをよりよくするためにどのような活動ができるかということについての理解を深められるであろうと確信します。

B. 授業の準備をする

次の手順に従って、クラスでの学習の準備を行います。まず、テキストの15〜17ページの「はじめに」を生徒に読ませ、話し合いをさせてください。

1. 政策を定義する

このプログラムは、コミュニティの特定の問題に対処する政策の作成およびその政策の適切な政府あるいは政府機関への提言に焦点を当てたものです。

このプログラムで使用されているとおり、政策とは、どのレベルにおいても、わたしたちの政府が個人の権利の保護やすべての市民の福祉の促進などにおいて、その責任を果たすという一種の合意です。立法者の手により法律になる政策もあれ

ば、政府の執行機関、つまり法の実施に責任をもつ機関が作った規則に組み込まれる政策もあります。

このプログラムのゴールのひとつは、生徒が政府への参加の仕方を学ぶことを援助するため、生徒たちには政府が部分的にでも対処している、あるいは対処すべき問題に取り組んでもらうことを望んでいます。そして、問題に対して生徒たちが作成する解決策には、政府が責任をもって実施すべき政策などの提案を含むべきでしょう。また、提言する政策には、コミュニティの人々の責任分担などの提案も取り込むこともできるでしょう。

<u>政策形成の過程</u>。政策形成において（地方、州、国家の）政府が果たす中心的役割について、生徒が理解することが重要です。しかしまた、政府の役割はその過程のほんの一部にすぎず、コミュニティのすべての人々の参加も促されるべきだという点も、生徒たちは理解しなければなりません。民主的な意思決定には、統治される市民の合意と彼らの政府への参加の両方が必要なのです。

政策形成は、コミュニティの人々が問題の存在を認識することから始まります。問題認識は、メディア、政治家、市民グループあるいは政府機関などから発生するものかもしれません。次に、市民が最善の問題解決方法についての考えを出します。意見をもつ人々は、政府が自分たちの考えを受け入れ、その解決法が実施されるよう政府に働きかけます。この過程で、特定の問題に関して何がなされるべきか、そして誰が行うべきかなどについて意見の相違が生じやすくなります。代替的な提案が出されることもよくあります。この過程全体には、データ収集および分析、別の行動をとった場合の結果の評価、そして複数の提案に対する支援の獲得などが含まれます。人々が１つの適当な行動に合意したとき、担当の政府あるいは政府機関にその政策を採択するよう働きかけなければなりません。政策が採択されれば、それが実施される必要があります。

<u>市民と政策作成過程</u>。政策形成において市民が果たす役割について、生徒が理解することが重要です。市民は、公的な会合への参加、議員や新聞社への投書、電話、提出案および反対案の監視、研究、自分たちの政策提言、そして公聴会での証言などによってあらゆるレベルの政策形成過程に参加できます。これらがすべてではありませんが、市民が意思決定過程に参加する機会が数多くあることがわかります。

2. 授業用プログラムおよびコンテストの全体像を伝える

生徒とともに、テキストの「はじめに」の情報を読み返します。ここでは、このプロ

ジェクトで遂行されるべき課題を挙げてあります。

　もしコンテストが計画されているならば、コンテストに優勝したいと思うのは当然ですが、政策作成過程について学びながら自分たちの最善を尽くすことに専念することが重要だという点を生徒たちに伝えるべきです。生徒たちが身につける知識とスキルは、コンテストで優勝するという一時の快楽よりもはるかに長く続くものなのです。

3. 大人のボランティアの協力を得る

　参加の条件ではありませんが、クラスがポートフォリオを作成するために必要な課題を行うにあたって、生徒を援助する大人のボランティアの活用を勧めます。ボランティアには、親、年配の市民、補助教員、スカウトのリーダーまたはその他の公共のことがらに関心のある人々がなれます。ボランティアは、実生活上の経験を分かち合ったり、発案されたアイディアについて意見を交換することができるでしょう。また、ガイドとしての役割を果たしたり、疑問に答えたりすることで、実地調査をより豊かなものにすることになるでしょう。そしてまた、定期的に電話をしたり直接会ったりすることで、プログラムを通じて発生する質問や問題に対応し、クラスとの継続的な関係を築くこともできるでしょう。

　以下が大人のボランティアへのガイドラインです。付録Aのリストをコピーしてボランティアに配付してもよいでしょう。

a. 生徒を支援する大人のボランティアへの提案

■**課題と手順の調査**　ポートフォリオ作成にあたって行うステップを生徒が理解するよう手助けをします。ポートフォリオ基準チェックリストに沿って理解を促してください（テキスト39ページ）。

■**情報の収集**　生徒が情報源を見つける支援をします。情報収集の仕方について説明してください。たとえば、大人のボランティアは以下のようにして生徒を助け手助けすることができます。

- 図書館で情報を見つける。
- 検討中の問題について、情報をもっていると思われる政府機関の事務所や私的団体の場所を電話帳で調べる。
- 検討中の問題について、オンラインの情報を得られる電子情報網（たとえばインターネット）にアクセスするため、コンピューターが設置されている場所を見つけて使用する。
- 検討中の問題について、よい情報源となりうるコミュニティの人々に連絡をと

る。
　　・情報請求の手紙を書く。
　　・電話で、または直接、情報源となる人々にインタビューをする準備をする。
　　・インタビューに足を運んだり、情報を得ることのできる他のところへ出向く。
■**発表の準備**　ポートフォリオの口頭発表を行う生徒を指導してください。コミュニティ団体の前での口頭発表の企画支援を行います。
■**経験の反省**　生徒がプログラムに参加して学んだこと、取り組んだ問題、そして別のポートフォリオを作成するならばどのようにするか、などについての文章を書く手助けをしてください。
　b.　大人のボランティアの支援の制限
■**情報の収集**　大人は、次のような情報収集を生徒のために行ってはいけません。
　　・生徒の代わりに手紙を書いたり電話をかける。
　　・生徒がすべき調査を行う。
■**ポートフォリオの準備**　大人は次のような生徒の手助けをしてはいけません。
　　・ポートフォリオに載せる資料を書く。
　　・イラストやその他の図表を作成する。
　　・ポートフォリオに載せる情報を選ぶ。
■**発表の準備**　大人は生徒の代わりに発表の準備をしてはいけません。
4.　コンテストを開催する
　コンテスト実施に関するガイドラインと手順は、本書付録Fにあります。
5.　ポートフォリオの評価あるいはコンテストの審判
　教師のポートフォリオ評価あるいはコンテストにおける審判員の採点に使う点数表は付録Cにあります。教師の口頭発表評価あるいはコンテストにおける審判員の採点に使う点数表は付録Eにあります。教師はこれらの表を、コンテストが開かれるか否かにかかわらず、生徒のパフォーマンス評価の手段として利用するのがよいでしょう。

生徒のポートフォリオ作成を助ける

以下の観点を利用して、生徒たちがポートフォリオを作成するためのステップを理解する支援を行います。クラスにより合うように、これらのステップを自由に変えてもかまいません。

ステップⅠ
コミュニティの中の政策問題を明らかにする

1. **このステップの目的を生徒たちと話し合う**

    ステップⅠの目的は以下のとおりです。
    - ■ コミュニティの問題について生徒たちがもっている知識に気づかせる
    - ■ 生徒が両親、近所の人、あるいはコミュニティの人々とコミュニティにある問題について話し合い、その人たちが問題について知っていること、そして考えていることを見つける
    - ■ クラスの大多数が重要だと思っている問題を1つ選ぶために、充分な情報を集める

    生徒がこの課題を行うために、多くのコミュニティに共通する問題のリストをテキストに載せてあります。

    このテキストに載せてある問題のうち、必ずどれかを研究しなければならないというわけではないことを生徒に伝えてください。コミュニティが抱える問題から、生徒たちがより重大だと考える問題を選択することもできます。しかしその問題は、生徒が合理的かつ実効的な政策を提案できる問題であることが重要です。

    ポートフォリオは、選択した問題を基準に評価されてはなりません。ポートフォリオの評価は、次の点を基準に行います。
    - ■ クラスがどれだけうまく問題に関する情報を集め、報告、評価したか
    - ■ 自分たちの提案する政策をどれだけ研究し作成したか
    - ■ また、それを推進する行動計画を作成したか

2. **コミュニティの問題について、生徒が何を知っているか話し合う**

    まず、テキストに書かれた問題について、生徒たちが知っていることを話し合うよう指導してください。そして、クラスを2、3人ごとの小グループに分け、テキストの

20ページにある小グループ活動に取り組ませてください。最後に、生徒たちに調査結果を報告させ、話し合わせます。

3. 宿題を出す

20、21ページの宿題を出してください。クラスを班に分け、興味や能力によって3つの課題のうち1つ以上を分担させてもよいでしょう。生徒たちがテキストの用紙の使い方を理解しているか確かめておきます。生徒たちは、テキストにある用紙を使うこともできますし、それを使いやすいように変えることもできます。用紙の一式は、ガイドの96ページ以降に載せてあります（省略）。

ステップⅡ
クラス研究のための問題を選ぶ

研究する問題を選ぶ前に、まずはクラスでコミュニティの問題について学んだことを詳しく検討します。次の手順を踏むとよいでしょう。

1. 収集した情報を調査し、問題を選ぶ

最初に出された宿題から生徒たちが学んだことについて、生徒たちに話し合いをさせます。そのために次のような質問をします。
- ■インタビューをした人たちからコミュニティの問題について何を学んだか
- ■どの問題がより緊急に対処されるべきだと思うか
- ■政策を立てることで処理できる問題なのか
- ■今ある政策を変更することで処理できる問題はどれか
- ■あなたたちにとって最も興味のある、そして重大だと思うコミュニティの問題はどれか

そのうえで、生徒が問題を選ぶ準備ができていると思えば、多数決で問題を選ばせます。

2. 必要ならば、さらに調査をするよう指導する

研究をしたい問題を決定するのに充分な知識がない場合、または生徒たちが他の問題を追究したい場合は、必要な情報を集めるために適切な課題を出します。ステップⅠの用紙を利用して、情報収集・記録を行ってください。

生徒のポートフォリオ作成を助ける

ステップⅢ
クラスが研究する問題について情報を集める

　クラスで研究する問題が決定したら、生徒たちはポートフォリオ作成のためにさらなる情報を収集する必要があります。次の手順を踏むとよいでしょう。

1. **情報源の明確化**
　テキストの27～29ページにある情報源について、コミュニティにある他の情報源も加え、生徒たちに話し合いをさせます。情報源の候補について話し合いながら、その情報源について生徒がすでに知っていること、そしてそれについての今までの経験などをお互いに発表させます。また、情報を提供してもらえそうな大人を知っているか、生徒に尋ねます。たとえば、弁護士、研究者、地方政府機関の職員、または地域ボランティアなどに知り合いがいるかどうかです。もしいるならば、調査班が利用できるようその情報を記録しておきます。

2. **情報収集および整理についてのガイドラインの再確認**
　情報源に連絡をとるよう生徒に指示する前に、テキスト29、30ページのガイドラインを再確認することが非常に重要です。2人以上が同じ場所で情報を求めたりインタビューの予約をとることがないよう注意してください。この課題が多忙な事務所などへの大きな負担とならないようにするためです。

3. **情報収集**
　クラスが追究する情報源を明らかにします。そしてクラスを各調査班に分け、各班が1つの情報源から情報を集める責任をもたせます。テキスト30～31ページの宿題には、生徒向けのガイダンスだけでなく、情報収集・記録に利用できる用紙も載せてあります。生徒たちと一緒にその用紙を見直し、生徒たちがきちんと質問を理解し、答えを記録するために用紙を使えるかどうか確かめてください。複数の大人のボランティアに、各班が課題を完成させるための支援を依頼することもできます。ただし、助ける場合も、生徒たちの代わりに課題を行ってはいけません（付録A参照）。

ステップⅣ
クラスポートフォリオを作成する

　この時点で、あなたのクラスはポートフォリオ作成を開始するのに充分な情報を集めていなければなりません。以下の手順を踏むとよいでしょう。

1. **クラスをポートフォリオ班に分ける**

　クラスを4班に分け、各班にテキスト37、38ページで説明したポートフォリオの各部を担当させます。

2. **ポートフォリオの課題と仕様を見直す**

　各班の生徒が自分たちの役割をきちんと理解しているかを確認します。各班に、ステップごとにテキストの課題を読んで話し合わせてください。

3. **研究班が集めた情報を使う**

　研究班が集めた情報は、たいてい複数のポートフォリオ班の役に立ちます。各班が必要な情報を得るには、次のことを行うべきでしょう。

　a. クラスの前方の机に各ポートフォリオ班を順番に座らせる。そして各班はクラス全体に向かって、ポートフォリオの展示部で自分たちが担当している問題や説明について読む。

　　それぞれの問題が読み上げられたら、クラスの生徒が集めた情報のなかで、その問題に関連がある情報を提供するよう呼びかける。複数の班に有効な書物や印刷物は、コピーをとって各班に配付してもよいでしょう。

　b. 各ポートフォリオ班は、それらの情報を使ってテキストに書かれた課題を完成させる。

4. **ポートフォリオを作成する**

　クラスポートフォリオの各部を作成するよう、各班に指示します。特別な指示は、テキスト40～45ページに記してあります。指示にある質問に答えるためのすべての情報を持っていない班があるかもしれません。そのときは、教師、その他の生徒そして大人のボランティアが、その班が質問に関する情報を見つける手伝いをしてもかまいません。

ポートフォリオについて

　ポートフォリオは、特定のガイドラインに則って選ばれた生徒の作業を、ある目的のために集約したものです。これらのガイドラインは、目的または分野、そしてポートフォリオの評価目的によって異なります。

　ポートフォリオはたいてい、個人の生徒の選ばれた作品です。しかし、We the People...PROJECT CITIZENにおいて、各ポートフォリオには、社会問題を訴える政策を形成するためにクラス全体が協力したもののうち選ばれた作品が載せられます。

We the People...PROJECT CITIZENのポートフォリオ評価では、「選ばれた作品」が非常に重要な意味をもちます。クラスポートフォリオの展示部あるいは資料部は、生徒が問題について見つけたあらゆるものの寄せ集めであってはなりません。ポートフォリオには、生徒に出された課題に対する彼らの最善の取組みと、どの資料が最も重要であるかという生徒たちの判断を示す資料が載せられなければならないのです。

ポートフォリオの仕様

　4班すべての作業がクラスポートフォリオに載せられます。ポートフォリオは展示部と資料部の2部構成となっています。仕様を注意深く読んでください。

1. 展示部

　展示板は4枚のポスターまたはフォームコア板を使用し、大きさは横32インチ、縦40インチ以下でなくてはなりません。4班それぞれの作品は4つのパネルのそれぞれに展示されます。ポートフォリオは机や掲示板、黒板などに展示できるように作成されなければなりません。

　郵送の際は、4つのパネルはそれぞれ横32インチ、縦40インチ、厚さ2インチ以下になるようにしてください。

　展示資料には、記事、情報源のリスト、表、グラフ、写真そして自分たちの絵などが利用できます。

2. 資料部

　各班は、自分たちが集めたなかから最もよい証拠となる資料を選びます。資料は厚さ2インチ以下の3つ穴バインダーに入れます。4部に分けるには、色違いの仕切りを使い、各部に目次をつけてください。

　資料部の第5章には、「ステップVI　自分たちの学習経験を評価する」で挙げられた資料を入れます。この章も色つきの仕切りで分けるようにしてください。

付記：これらの仕様はコンテストに適用されます。コンテストに出場しないならば、自分たちの基準を設定することもできます。

ステップⅤ
ポートフォリオを発表する

　各クラスが、教育活動の一環として、別のクラスあるいは大人のグループの前で、口頭発表を行うことを、強く勧めます。

　口頭発表は、聴聞形式をとり、自分たちの担当部分について4つのポートフォリオ班がそれぞれ発表を行い、審査員からの質問に応答します。聴聞とは、C-SPAN（1979年に設立された米国非営利の衛星放送ネットワーク。議会中継や公共番組を放送する）で映し出されているような多くの政府機関が行う聴聞手続きと同様で、生徒たちが自分たちの政府に参加するさらなる手段を学ぶ機会となるはずです。

　この教育活動は、パフォーマンス評価にも理想的です。聴聞に関する特別な指示は、テキストの48～50ページ、本ガイドの付録F、G、Hに記載しています。

　審査員団は、本ガイド79ページの付録D「口頭発表評価基準」を使用することができます。生徒の口頭発表を評価するための採点表は、付録Eに収められています。

ステップⅥ
自分たちの学習経験を評価する

　ポートフォリオが完成したら、反省または評価を資料部に追加します。生徒に次の質問に答えさせます。
- ■あなたとあなたのクラスメイトは何を学んだか
- ■あなたとあなたのクラスメイトはどのように学んだか
- ■もう一度、ポートフォリオを作るならば、どう変えるか

　経験を評価する作業は、このプロジェクトを通して行ってきたように、共同作業です。生徒たちは個人として、そしてクラスの一員としての反省点を考えなければなりません。聞き手からの質問や反応は重要な意見であるため、この最終部分に取り組む前に聞き手の前でポートフォリオの発表を行うとよいでしょう。

　このパートを作成するために生徒を援助するには、次のことを行うとよいでしょう。
1．生徒たちに、テキスト52ページ「ガイドライン」の質問に答えさせる。
2．生徒たちの答えについてクラスで話し合い、いくつかにまとめる。それらを黒

板または紙に書き出す。
3．まとめた答えそれぞれを担当する班にクラスを分ける。各班はそれぞれのまとめられた答えの内容に改善を加え、それを支持する証拠を示す。
4．そして、各班の答えは、原稿作成の小班に引き継がれ、それらをとりまとめ、ポートフォリオの資料部に挿入する草案を作成する。
5．その班が書いた草案をクラス全体で見直し、改善点を話し合う。
6．原稿作成班は、ポートフォリオに挿入するための文書を完成させる。
　　この活動に関するその他の指示は、テキストに記載してあります。

付録

- A. 大人のボランティア・アシスタントへのガイドライン
- B. ポートフォリオ基準チェックリスト
- C. ポートフォリオ採点表:第1部～第4部、全体
- D. 口頭発表評価基準
- E. 口頭発表採点表:第1班～第4班、全体
- F. コンテスト開催に関する手順およびガイドライン
- G. 審判員向け指示:展示用ポートフォリオおよび資料バインダー
- H. 審判員向け指示:口頭発表
- I. 教師用評価用紙
- J. 生徒用評価用紙
- K. 用紙一式(例)
  1. 問題の特定と分析用紙
  2. インタビュー用紙
  3. 新聞・印刷資料調査用紙
  4. ラジオ・テレビ調査用紙
  5. 出版物整理用紙
  6. 手紙・インタビュー整理用紙
  7. 合憲性審査用紙
- L. 終了認定書(例)

複製許可

プログラムの実施目的のためのWe the People...PROJECT CITIZEN付録教育資料の複製を許可する。

A. 大人のボランティア・アシスタントへのガイドライン

1. **生徒支援についての提案**
   ■課題と手順を調査する
   　ポートフォリオ作成にあたって行うステップを生徒が理解するよう手助けをします。ポートフォリオ基準チェックリストに沿って理解を促してください(テキスト39ページ)。
   ■情報を収集する
   　生徒が情報源を明らかにする支援をします。情報収集の仕方について説明してください。たとえば、大人のボランティアは以下のようにして生徒を手助けすることができます。
   ・図書館で情報を見つける
   ・検討中の問題について、情報をもっていると思われる政府機関の事務所や私的団体の場所を電話帳で調べる
   ・検討中の問題について、オンラインの情報を得られる電子情報網(たとえばインターネット)にアクセスするため、コンピューターの設置されている場所を見つけて使用する
   ・検討中の問題について、よい情報源となりうるコミュニティの人々に連絡をとる
   ・情報請求の手紙を書く
   ・電話でまたは直接、情報源となる人々にインタビューする準備をする
   ・インタビューに足を運んだり、情報を得ることのできる他のところへ出向く
   ■発表の準備をする
   　ポートフォリオの口頭発表を行う生徒を指導してください。コミュニティ団体の前での口頭発表の企画支援を行います。
   ■経験を反省する
   　生徒がプログラムに参加して学んだこと、取り組んだ問題、そして別のポートフォリオを作成するならばどのようにするか、などについての文章を書く手伝いをしてください。

2. **大人のボランティアの支援の制限**
   ■情報を収集する
   　大人は、次のような情報収集を生徒のために行ってはいけません。
   ・生徒の代わりに手紙を書いたり電話をかける
   ・生徒がすべき調査を行う
   ■ポートフォリオを準備する
   　大人は、生徒を助けるために次のような手伝いをしてはいけません。
   ・ポートフォリオに載せる資料を書く
   ・イラストやその他の図表を作成する
   ・ポートフォリオに載せる情報を選ぶ
   ■発表の準備をする
   　大人は、生徒の代わりに発表の準備をしてはいけません。

B. ポートフォリオ基準チェックリスト

以下のチェックリストは、テキストからの抜粋で、ポートフォリオを判定する際の基準です。

ポートフォリオの各部の基準
- ■簡潔さ
  - ・40〜47ページのポートフォリオ班1〜4にある資料が各部に含まれているか。
  - ・必要以上の資料を載せていないか。
- ■明確さ
  - ・ポートフォリオはよく整理されているか。
  - ・ポートフォリオは文法やつづりの間違いがなく、正確に書かれているか。
  - ・主なポイントや議論は理解しやすいか。
- ■情報
  - ・情報は正確か。
  - ・情報は主な事実と重要な考えを含んでいるか。
  - ・使った情報は主題を理解するのに重要か。
- ■根拠立て
  - ・主なポイントを説明または主張／立証する例を載せたか。
  - ・主なポイントを充分に説明したか。
- ■図表
  - ・担当部分の内容に関連した図表か。
  - ・その図表は情報を提供しているか。見出しや表題がついているか。
  - ・図表は展示を理解するのに役立つか。
- ■資料
  - ・ポートフォリオの部分で主なポイントを整理したか。
  - ・信頼できるさまざまな情報を利用したか。
  - ・情報を引用したり言い換えた場合、それぞれの内容を確認したか。
  - ・資料は展示に関連したものか。
  - ・良質で最も重要な情報のみを選んだか。
- ■合憲性
  - ・合憲性審査用紙を添付したか。
  - ・提案した政策がなぜ違憲でないかを説明したか。

ポートフォリオ全体の基準
- ■説得力
  - ・ポートフォリオは選んだ問題が重要だという充分な証拠を含んでいるか。
  - ・提案した政策は問題を率直に提示しているか。
  - ・ポートフォリオは提案した政策への人々の支持をどのように得るか説明しているか。
- ■実用性
  - ・提案した政策は実用性があり現実的か。
  - ・提案した政策への支持を得るための計画は現実的か。
- ■協調性
  - ・展示ポートフォリオの4部はそれぞれ同じ情報を繰り返すことなく、互いに関連したものになっているか。
  - ・資料部は展示部を裏づける証拠を含んでいるか。
- ■反省
  - ・ポートフォリオの作成で反省的に検討したり評価している部分は、クラスの経験を充分に説明しているか。
  - ・ポートフォリオ作成の経験から学んだことをはっきりと示したか。

C. ポートフォリオ採点表:第1部

問題の説明

ポートフォリオの各部分について、各基準に従って1～5の点数をつけてください。5が最高点です。ポートフォリオ全体の評価には、ポートフォリオ全体採点表を使用してください。

1＝悪い　　2＝あまりよくない　　3＝平均　　4＝よい　　5＝非常によい

	点	備考
1. 簡潔さ ◎コミュニティ、州または国家においてその問題がどれだけ深刻で広範囲にわたっているか ◎誰が問題対処に責任をもつべきか ◎問題に対する今ある政策の充分さ ◎もしあれば、問題に対するコミュニティの中の見解の違い ◎問題に賛成または反対している個人あるいは団体、彼らの主張の分析		
2. 明確さ ◎よく企画されている ◎よく書かれている ◎理解しやすい		
3. 情報 ◎正確さ ◎充分さ ◎重要性		
4. 主張／立証 ◎主要点の例 ◎根拠がある		
5. 図表 ◎その章の内容に関連しているか ◎適当な表題がついているか ◎情報を提供しているか ◎理解を深めるか		
6. 資料部 ◎充分さ ◎信頼性 ◎展示に関連しているか ◎精選されているか		
総合得点		

審判：　　　　　　　　　　　　　　　　　　　　日付：

C. ポートフォリオ採点表:第2部

問題に対して選びうる政策の調査

ポートフォリオの各部分について、各基準に従って1〜5の点数をつけてください。5が最高点です。ポートフォリオ全体の評価には、ポートフォリオ全体採点表を使用してください。

1＝悪い　　2＝あまりよくない　　3＝平均　　4＝よい　　5＝非常によい

	点	備考
1. 簡潔さ 次の点を含むいくつかの別の政策の記述 ◎長所 ◎短所 ◎支持者 ◎反対者		
2. 明確さ ◎よく企画されている ◎よく書かれている ◎理解しやすい		
3. 情報 ◎正確さ ◎充分さ ◎重要性		
4. 主張／立証 ◎主要点の例 ◎根拠がある		
5. 図表 ◎その章の内容に関連しているか ◎適当な表題がついているか ◎情報を提供しているか ◎理解を深めるか		
6. 資料部 ◎充分さ ◎信頼性 ◎展示に関連しているか ◎精選されているか		
	総合得点		

審判：　　　　　　　　　　　　　　　　日付：

C. ポートフォリオ採点表:第3部

問題に対する政策の提案

ポートフォリオの各部分について、各基準に従って1～5の点数をつけてください。5が最高点です。ポートフォリオ全体の評価には、ポートフォリオ全体採点表を使用してください。

1＝悪い　　2＝あまりよくない　　3＝平均　　4＝よい　　5＝非常によい

	点	備考
1. 簡潔さ ◎クラスの提案する政策 ◎長所と短所 ◎合憲性 ◎政府のどの機関が提案された政策を実施すべきか、それはなぜか という点の記述		
2. 明確さ ◎よく企画されている ◎よく書かれている ◎理解しやすい		
3. 情報 ◎正確さ ◎充分さ ◎重要性		
4. 主張／立証 ◎主要点の例 ◎根拠がある		
5. 図表 ◎その章の内容に関連しているか ◎適当な表題がついているか ◎情報を提供しているか ◎理解を深めるか		
6. 資料部 ◎充分さ ◎信頼性 ◎展示に関連しているか ◎精選されているか		
総合得点		

審判：　　　　　　　　　　　　　　　　　　日付：

C.ポートフォリオ採点表:第4部

行動計画の作成

ポートフォリオの各部分について、各基準に従って1～5の点数をつけてください。5が最高点です。ポートフォリオ全体の評価には、ポートフォリオ全体採点表を使用してください。

1＝悪い　　2＝あまりよくない　　3＝平均　　4＝よい　　5＝非常によい

	点	備考
1. 簡潔さ ◎コミュニティ内の支持者 ◎コミュニティ内の反対者 ◎政府内の支持者 ◎政府内の反対者 ◎それぞれがどうしたら政策を支持するようになるかの説明		
2. 明確さ ◎よく企画されている ◎よく書かれている ◎理解しやすい		
3. 情報 ◎正確さ ◎充分さ ◎重要性		
4. 主張／立証 ◎主要点の例 ◎根拠がある		
5. 図表 ◎その章の内容に関連しているか ◎適当な表題がついているか ◎情報を提供しているか ◎理解を深めるか		
6. 資料部 ◎充分さ ◎信頼性 ◎展示に関連しているか ◎精選されているか		
総合得点		

審判：　　　　　　　　　　　　　　　　　　　　日付：

C. ポートフォリオ全体採点表

教師：
クラス：
学校：

　ポートフォリオの各部分について、各基準に従って1〜5の点数をつけてください。5が最高点です。

　　　　1＝悪い　　2＝あまりよくない　　3＝平均　　4＝よい　　5＝非常によい

	点	備考
1. 説得力 ◎問題が重要である ◎提案された政策が問題を訴えるものである ◎提案された政策は合憲である ◎政策が一般の支持を得ることができる という点で納得できる		
2. 現実性 ◎提案された政策は現実的である ◎支援を得るためのアプローチは現実的である ◎実社会での制約を考慮している		
3. 全体のバランス ポートフォリオの各部が ◎お互いに関連しているか ◎情報が重複していないか		
4. 反省 ◎反省を示しているか ◎学習したことを示しているか		

ポートフォリオ全体の得点（上記1から4の総合）
　4部分の得点を下の枠に記入し、総合得点を出すためにそれぞれの小計に加える。

第1部得点　　第2部得点　　第3部得点　　第4部得点　ポートフォリオ全体の得点　　合計
　[　　　]　＋　[　　　]　＋　[　　　]　＋　[　　　]　＋　[　　　]　＝　[　　　]

管理者へ
　ポートフォリオ全体の質に対して100点満点で点数をつけてください。これは同点の場合にのみ使われます。配点は次のように行います。

　　　非常によい　　90〜100点　　　とてもよい　　80〜89点
　　　平均　　　　　70〜79点　　　　平均以下　　　0〜69点　　　[　　　]

審判：　　　　　　　　　　　　　　　　　　　　　　日付：

78　　教師用ガイド

D. 口頭発表評価基準

　次の基準は、ポートフォリオの口頭発表を行うコンテストで使用します。これらの基準は、展示ポートフォリオの評価基準と重複するものではありません。ポートフォリオと口頭発表の合計得点により、コンテストに参加したクラスの順位を決定します。
　口頭発表は、以下の要素ごとに1～5の点数がつけられます。

各班の口頭発表評価基準

1. **重要性**
　その班は、口頭発表にポートフォリオの中で最も重要な部分を選んだか。

2. **理解**
　発表者は、問題の本質と意味の理解を示したか。代替案の理解はどうか。自分たちの政策はどうか。行動計画はどうか。

3. **論理性**
　その班は自分たちの立場を充分に示したか。質疑応答で充分に自分たちの立場を弁護したか。

4. **応答**
　審判員による質疑に対する発表者の応答は適当であったか。

5. **班の協力／チームワーク**
　多くの生徒が発表に参加したか。明らかな責任分担はされていたか。発表者は他の意見に敬意を払っていたか。

口頭発表全体の評価基準

1. **説得力**
　発表全体は、クラスが提案する政策の必要性を示したか。

2. **現実性**
　提案された政策とそのアプローチの仕方は、現実的に支持を得ることができるものか。実社会の制約を考慮しているか。

3. **協力**
　各ポートフォリオ発表班の関係は明白だったか。それぞれの発表は、前の班と関連しており、さらに展開させるものであったか。

4. **反省**
　生徒の発表は、ポートフォリオの作成から学び反省したことを示していたか。

管理者へ
　発表全体の効率および創造力、独創性を考慮して、発表全体の総合評価点を100点満点でつけてください。

| 非常によい | 90～100点 | とてもよい | 80～89点 |
| 平均 | 70～79点 | 平均以下 | 0～69点 |

E. 口頭発表採点表:第1班
問題の説明

第1班の発表について、各基準に従って1〜5の点数をつけてください。5が最高点です(各班にそれぞれのシートを使用のこと)。発表全体の評価には、口頭発表全体採点表を使用してください。

1=悪い　　2=あまりよくない　　3=平均　　4=よい　　5=非常によい

	点	備考
1. 重要性 　どの程度、発表するポートフォリオの部分に関連する最も重要な情報を選んだか。		
2. 理解 　どの程度、問題の本質と意味に対する理解を生徒が示したか。		
3. 論理性 　どの程度、問題が重要であることを生徒は示したか。質疑応答において、どれだけ自分たちの立場を弁護したか。		
4. 応答 　質疑応答において、どの程度生徒たちの応答は適当であったか。		
5. 班の協力/チームワーク 　どのくらいの生徒たちが発表に貢献したか。明らかな責任分担はあったか。生徒たちは他の人の意見に敬意を表したか。		
総合得点		

審判:　　　　　　　　　　　　　　　　　　　　　　日付:

E. 口頭発表採点表:第2班

問題に対して選びうる政策の調査

　第2班の発表について、各基準に従って1～5の点数をつけてください。5が最高点です(各班にそれぞれのシートを使用のこと)。発表全体の評価には、口頭発表全体採点表を使用してください。

　　　　1＝悪い　　2＝あまりよくない　　3＝平均　　4＝よい　　5＝非常によい

	点	備考
1. 重要性 　どの程度、発表するポートフォリオの部分に関連する最も重要な情報を選んだか。		
2. 理解 　どの程度、代わりに出されている政策の本質と意味に対する理解を生徒が示したか。		
3. 論理性 　どの程度、発表された各政策の長所、短所を説明したか。質疑応答において、どれだけ自分たちの主張をうまく立証したか。		
4. 応答 　質疑応答において、どの程度生徒たちの応答は適当であったか。		
5. 班の協力／チームワーク 　どのくらいの生徒たちが発表に貢献したか。明らかな責任分担はあったか。生徒たちは他の人の意見に敬意を表したか。		
総合得点		

審判：　　　　　　　　　　　　　　　　　日付：

E. 口頭発表採点表:第3班

問題に対する政策の提案

第3班の発表について、各基準に従って1～5の点数をつけてください。5が最高点です(各班にそれぞれのシートを使用のこと)。発表全体の評価には、口頭発表全体採点表を使用してください。

1＝悪い　　2＝あまりよくない　　3＝平均　　4＝よい　　5＝非常によい

	点	備考
1. 重要性 　どの程度、発表するポートフォリオの部分に関連する最も重要な情報を選んだか。		
2. 理解 　どの程度、提案している政策の長所と短所を示したか。		
3. 論理性 　どの程度、自分たちの提案した政策が適当なアプローチであることを示したか。質疑応答において、どれだけ自分たちの立場を弁護したか。		
4. 応答 　質疑応答において、どの程度生徒たちの応答は適当であったか。		
5. 班の協力／チームワーク 　どのくらいの生徒たちが発表に貢献したか。明らかな責任分担はあったか。生徒たちは他の人の意見に敬意を表したか。		
総合得点		

審判：　　　　　　　　　　　　　　　　　　　日付：

教師用ガイド

E. 口頭発表採点表:第4班

行動計画の作成

　第4班の発表について、各基準に従って1〜5の点数をつけてください。5が最高点です(各班にそれぞれのシートを使用のこと)。発表全体の評価には、口頭発表全体採点表を使用してください。

　　1=悪い　　2=あまりよくない　　3=平均　　4=よい　　5=非常によい

	点	備考
1. 重要性 　どの程度、発表するポートフォリオの部分に関連する最も重要な情報を選んだか。		
2. 理解 　自分たちの提案した政策を政府に受入れてもらうために必要なステップに対する理解を、どの程度生徒たちは示したか。		
3. 論理性 　どの程度、自分たちの行動計画が適当であることを示したか。コミュニティ内そして政府の執行および立法機関での支持を確保し、反対意見を乗り越える方法をどれだけうまく示したか。質疑応答において、どれだけ自分たちの立場を弁護したか。		
4. 応答 　質疑応答において、どの程度生徒たちの応答は適当であったか。		
5. 班の協力／チームワーク 　どのくらいの生徒たちが発表に貢献したか。明らかな責任分担はあったか。生徒たちは他の人の意見に敬意を表したか。		
総合得点		

審判:　　　　　　　　　　　　　　　　　日付:

E. 口頭発表全体採点表

教師：
クラス：
学校：

ポートフォリオ発表全体について各基準に従って1～5の点数をつけてください。5が最高点です。
1＝悪い　　2＝あまりよくない　　3＝平均　　4＝よい　　5＝非常によい

	点	備考
1. 説得力 　発表全体は、クラスが提案する政策の必要性を示したか。		
2. 現実性 　提案された政策はどの程度現実的なものか。提案された政策とそのアプローチの仕方は、現実的に支持を得ることができるものか。実社会の制約を考慮しているか。		
3. 協力 　各ポートフォリオ発表班の関係は明白だったか。それぞれの発表は、前の班と関連しており、さらに展開させるものであったか。		
4. 反省 　発表はどの程度注意深く、生徒たちが自分たちの経験を反省したことを示していたか。生徒の発表は、ポートフォリオの作成から学び反省したことをどの程度示していたか。		

発表全体の得点（1から4の総合）　☐

4部分の得点を下の枠に記入し、総合得点を出すためにそれぞれの小計に加えます。

第1部得点　＋　第2部得点　＋　第3部得点　＋　第4部得点　＋　発表全体の得点　＝　合計

管理者へ
　このクラスの発表に対して100点満点で点数をつけてください。これは同点の場合にのみ使われます。配点は次のように行います。

　　非常によい　　90～100点　　　とてもよい　　80～89点
　　平均　　　　　70～79点　　　　平均以下　　　0～69点

審判：　　　　　　　　　　　　　　　　　　　日付：

F. コンテスト開催に関する手順およびガイドライン

　これらの手順とガイドラインは、We the People...PROJECT CITIZENコンテストを国家レベルで行うための一貫した構造を提供するため、センターが取り組んだものである。手順とガイドラインはできるだけ明確、簡潔、そして役立つものとなるよう努力した。明確に定義されたガイドラインとポートフォリオ判定に関する統一した手順および基準は、コンテストの参加者全員にとって価値あるものと確信している。

1. **指示資料の配布**
　各指示資料一式にはテキスト30部とガイドが含まれる。

2. **クラスの説明**
　We the People...PROJECT CITIZENの主な目的は、クラスのすべての生徒の参加に重点を置いた、さまざまな生徒の広範囲からの参加の推進である。ポートフォリオを使って行われる他のクラスとの競争という目的のためには、「クラス」とは下記の基準を満たす「通常編成のクラス」を意味する。
   - 学校の通常の編成手続きによって構成されたクラスで、コンテスト目的に選抜された生徒の集合ではない。
   - 歴史、社会、言語などの学校の通常教育課程の一部である。
   - コンテストに参加するためだけに特別に設置されるクラスではない。
   - 学校の基本プログラムに組み込まれている(講義科目)。
   - 就学日の通常の時間帯に設けられている。
   - すべての参加者が教師の記録簿に記載されている。

　柔軟なスケジュールを組んでいる中等学校もある。よって、上のリストはそういったクラスの参加を制限するものではない。

3. **認定書**
　終了認定書はプログラムに参加した各生徒に授与される。付録Lの証明書は、プロジェクトの最終段階にて生徒への配付のために複製することができる。
　センターの印刷した証明書を利用したい場合は、800-350-4223へ電話するか、センターへ手紙を書くことによって入手できる。教師は、州あるいは地方議員、または他の適当な役人によって証明書に署名をしてもらうべきである。PROJECT CITIZENのコーディネータが署名取得の援助をすることもできる。

コンテストの手順

　完成したポートフォリオは生徒不在で審議される。しかし生徒たちは審判員たちの前でポートフォリオの発表を行い、審判員たちの質問に応答することができる。

1. **ポートフォリオ**
　ポートフォリオは、展示部と資料部の2部構成である。
   - 展示部は以下の条件で作られる。
     - 4枚のポスターまたはフォームコア板を使用し、大きさは横32インチ、縦40インチ以下でなければならない。4班それぞれの作品は4つのパネルのそれぞれに展示される。各パネルは次のものを含む。
       a) 班の担当する部分に関する題材について文書によるまとめ
       b) この部分に関する図表やイラスト

c) この部分に関する情報源
- ■資料部は以下の条件で作られる。
  - ・厚さ2インチ以下の3つ穴バインダーに入れる。4部に分けるには色違いの仕切りを使う
  - ・全体および各部の目次
  - ・各班が集めた中から最もよい証拠となる最も重要な資料
  - ・この授業に関するクラスの評価と反省を含む第5部

2. **口頭発表**

口頭発表は必要ではないが、たいへん意義深い授業経験となるため、教師は大人の審判員の前での口頭発表を授業に含むべきである。発表は他のクラス、両親、またはＰＴＡや慈善団体などのコミュニティ団体に向けて行うことができる。この活動によって生徒たちは、考えを他人に発表すること、そして重要な政策問題についての立場を観衆に伝える、という点で非常に価値の高い経験をすることになる。テキストの48〜50ページにある「ステップⅤ　ポートフォリオを発表する」は、クラスが口頭発表を行う際の目的と手順を示している。

- ■各クラスは4班に分かれ、各班はポートフォリオの各部を担当する。
- ■各班は前もって準備した4分間の発表を行う。そして生徒たちは審判員からの6分間の質疑応答に対応する。「時間係」のボランティアは、残り1分となったところで生徒たちと審判員にそれを伝える。
- ■4分間の発表のみにノートを使用することができる。
- ■生徒たちは発表の間いつでも展示したポートフォリオを参照することができる。

時間係

各審問において、「時間係」を設置する。審判員が兼任することはできない。時間係は、口頭発表4分と質疑応答6分の各班10分の持ち時間を厳守する。口頭発表の残り時間が1分になったとき、時間係は静かにカードを上げてそれを生徒たちに伝える。質疑応答の残り時間が1分になったとき、時間係は静かに審判員にそれを伝える。時間が切れたら、「タイム！」と言ってすべての参加者を止める。

制限時間を厳守するためのあらゆる取組みが行われるべきである。質問の応答時間を重大に減らす状況が発生した場合は、審判員の裁量で、それを補う相当の時間が与えられる。たとえば、審判員が質問を発するのに非常に長い時間がかかった場合、生徒たちの対応を補足する時間が加えられる。

3. **審判員の選抜**

コンテストの審判員を選抜するにあたり、下記の情報が役立つであろう。

- ■5つのポートフォリオに対して、3人の審判員がいること。
- ■審判員は政治手続きおよびその仕組み、現在の政策問題、そして公民教育、公民参加に関連した知識をもつ個人。
- ■審判員には、公的および私的部門からの優れた、知識ある市民を含む。さまざまな人がポートフォリオ審判員の資格をもつ。たとえば次の人々はどうだろう：地域研究家、退職した社会科教師、選挙で選ばれた役人、ジャーナリスト、弁護士、裁判官、司法に係わる人、政治学および法律の大学教授など。審判員は、歴史団体、女性有権者の会、さまざまな地域、州および連邦レベルの政府機関などからも見つけることができる。もうひとつのよい人材源は、高等教育レベルの議会審問を模したコンテストや初等、中等および高等レベルでの審問を行う「私たち市民と憲法」の審判を行った人々である。

4. **資料**

教師は次の資料を充分な部数、各審判員に配付しなければならない。
■審判員向け指示：展示用ポートフォリオおよび資料バインダー（付録G）
■ポートフォリオ採点表（付録C）
　・ポートフォリオの各部採点表―各部1部ずつ
　・ポートフォリオ全体採点表
■テキスト一部
もし生徒が口頭発表を行う場合は次のものも用意する。
■審判員向け指示：口頭発表（付録H）
■口頭発表評価基準（付録D）
■口頭発表採点表（付録E―できればポートフォリオの各部採点表とは違う色で刷られたもの）
　・口頭発表班採点表―各班の発表ごとに1部ずつ
　・口頭発表全体採点表

5. **審判**

審判員の簡単な会議を行い、このプロジェクト全体の目的を注意深く見直す。とくに、中等学校の生徒の本質と生徒に対する審判員の期待に注意を払う。
　下記の点について再検討する。
■審判員向け指示：展示用ポートフォリオおよび資料バインダー（付録G）
■ポートフォリオ採点表（付録C）
　・ポートフォリオの各部採点表―各部1部ずつ
　・ポートフォリオ全体採点表
もし生徒が口頭発表を行う場合は次のものも再検討する。
■審判員向け指示：口頭発表（付録H）
■口頭発表採点表（付録E）
　・口頭発表班採点表―各発表ごとに1部ずつ
　・全体口頭発表採点表
　審判員は生徒たちに前向きなコメントを出し、どのようにしたらポートフォリオおよび口頭発表がよりよいものになったかについて提案を出すことに重点を置く。
　一般的なガイドとして、提出された5つのポートフォリオに対して約3人の審判員が必要である。各ポートフォリオの審判には約45分を要し、各口頭発表は約1時間かかる。
　たとえば、ポートフォリオが17提出された場合、3人の審判員が少なくとも3組必要である。うち2組がそれぞれ6つのポートフォリオを担当し、もう1組が5つのポートフォリオの判定を行う。
　2組以上の審判員が必要な場合には、各審判員が最高得点を与えたポートフォリオを示してもらう。複数の組から3人の審判員を選び、もう一度最もよいポートフォリオを採点し直す。1位、2位、3位の順は、この2回目の採点のみで決定される。
　判定の最後に採点表を回収する。すべてのシートを集め、採点が公平に行われたかどうか確認する。
　各審判員が提出した4つのポートフォリオの各部採点表とポートフォリオ全体の部の採点表の正確さも確認する。口頭発表が行われた場合には、それらに加えて、審判員たちの口頭発表の班採点表も確認する。2、3人の採点チームがいれば、この点で非常に役立つだろう。正確さが確認されたら次のステップを踏む。
■ポートフォリオ全体の各部採点表に審判員の点数を記録する。
■口頭発表があった場合は、口頭発表の班採点表に審判員の点数を記録する。
■ポートフォリオ全体の採点表（そしてあるならば、口頭発表全体採点表）の総合得点を計算し、再度確認する。

■得点を合計し、最高得点を獲得したクラスが優勝者である。
■同点の場合は、同点採点の合計を出して、優勝者を決める。

6. **判定終了後**

すべての参加者にコンテストの結果を伝える。
■すべての参加者に終了認定書を授与する。
■できれば、そのコミュニティのリーダーが特別授与式で優勝クラスに認定書を授与するよう企画する。

G. 審判員向け指示:
展示用ポートフォリオおよび資料バインダー

コンテストの形式

　このコンテストは中等学校生徒向けの公民教育プロジェクトの頂点である。クラスは、自分たちのコミュニティにおいて重大な問題を見つけ、分析し、それに対処するための政策を提案する。
　コミュニティの問題が明らかになった後、クラス全体が研究班に分かれ、図書館、新聞、ラジオ、テレビ、大学教授、研究者、弁護士、裁判官、社会団体、利益団体、立法府および行政機関などから情報を収集する。

ポートフォリオ

　次にクラスは、研究に基づいてポートフォリオを作成する。4班に分かれ、各班が4部構成のポートフォリオの1部ずつを担当する。
　第1班の課題:クラスが選んだ問題を説明する―なぜその問題は重要で、政府が対処すべきなのか
　第2班の課題:問題に対処するために提出された、選びうるいくつかの別の政策を評価する
　第3班の課題:問題に対処するための政策を作り、その根拠を示す
　第4班の課題:提案された政策を政府が採択するための行動計画を作る
　ポートフォリオは展示部と資料部の2部構成となっている。各班はポートフォリオの両部分の作成を担当する。

展示部

　展示部分は4枚のポスターまたはフォームコア板を合わせたもので、全体の大きさは横32インチ、縦40インチ以下でなければならない。各班の作品はこの4枚のパネルに展示される。

資料部

　この部分には各班の調査を最もよくまとめた収集資料を含む。4班すべての資料は厚さ2インチ以下の3つ穴バインダーにまとめる。各部には目次をつける。生徒の評価や反省点はバインダーの第5部に入れる。クラス全体でこの部分に取り組む。
　ポートフォリオの各部に関する必要事項の詳細については、テキストの40〜45ページを参照。

審判基準

各ポートフォリオの部

　4班のポートフォリオの採点は次の基準に基づいて行われる。
■簡潔さ
■合憲性(簡潔さに含まれる、第3班に適用)
■明確さ
■情報
■主張／立証
■図表
■資料整理

ポートフォリオ全体の評価

ポートフォリオ全体の採点は次の基準に基づいて行われる。
- ■説得力
- ■現実性
- ■協力
- ■反省

採点表にこれらの基準に関するより詳しい説明がされている。

リストの各基準に対して、各審判員は5点を最高点とする1から5の点をつける。4つのポートフォリオ班およびポートフォリオ全体評価には別の採点表がある。まず、すべてのポートフォリオ分の採点表をもって、他のポートフォリオを採点するにつれ変更することができる。たとえば、いくつかのポートフォリオを見た後、その前に採点したポートフォリオの点が甘すぎたあるいは厳しすぎたと思った場合、審判員は点を変更することができる。採点後、他の審判員と協議することもできる。しかし、他の人の採点と意見が異なってもよい。

審判員はさらに、基本的基準に加えて、各ポートフォリオの全体の出来に対して最高100点をつけるよう要請される。同点の場合は、これらの点数が合計され、最高点をつけたクラスが優勝となる。点は次のガイドラインに則って与えられる。

非常によい	90～100点
とてもよい	80～89点
平均	70～79点
平均以下	0～69点

感想

クラスは、自分たちの達成度、そしてポートフォリオをどのようにしたらよりよくできるかについてのコメントを喜んで受入れるだろう。これは生徒たちにとって、さらなる間違いを避け、市民としての参加を向上させる方法を学ぶ非常に優れた方法である。

H. 審判員向け指示:
口頭発表

コンテストの形式

　このコンテストは中等学校生徒向けの公民教育プロジェクトの頂点である。クラスは、自分たちのコミュニティにおいて重大な問題を見つけ、分析し、それに対処するための政策を提案する。
　コミュニティの問題が明らかになった後、クラス全体が研究班に分かれ、図書館、新聞、ラジオ、テレビ、大学教授、研究者、弁護士、裁判官、社会団体、利益団体、立法府および行政機関などから情報を収集する。

ポートフォリオ

　次にクラスは、研究に基づいてポートフォリオを作成する。4班に分かれ、各班が4部構成のポートフォリオの1部ずつを担当する。
　第1班の課題:クラスが選んだ問題を説明する―なぜその問題は重要で、政府が対処すべきなのか
　第2班の課題:問題に対処するために提出された、選びうるいくつかの別の政策を評価する
　第3班の課題:問題に対処するための政策を作り、その根拠を示す
　第4班の課題:提案された政策を政府が採択するための行動計画を作る
　ポートフォリオは展示部分と資料部分の2部構成となっている。各班はポートフォリオの両部分の作成を担当する。

口頭発表の手順

　ポートフォリオの口頭発表の目的は、政策に影響を与える意見を発表し、それを弁護することを生徒たちに教えることである。
　コンテストに参加する各クラスは4班に分かれ、ポートフォリオの1部ずつを担当する。各班は審判員の前で、前もって準備した4分間の発表を行う。その後、審判員からの6分間の質疑応答に答える。よって、各班は審判員の前で10分間の持ち時間がある。

口頭発表の開始

　審問の前に、審判員はポートフォリオを検討し、問題について知識を深め、そして質問を考えておく。ポートフォリオの質自体は口頭発表の評価に考慮されない。
　第一審問を始める前に、どの審判員が審判長を務めるか決めておく。審判員は生徒たちに自己紹介をし、第1班に前に来るよう言う。審判員はまず生徒たちに、自分たちが発表する政策を述べるよう伝える。ここから4分間の発表が始まる。
　第2、3、そして4班に対しては、審判員は生徒がポートフォリオのどの部分を発表するのか述べるよう伝える。
　生徒たちは4分間の発表で自分たちの展示用ポートフォリオで最も重要な部分に焦点を当て、展示から一字一句読み上げたりしないように指導されている。重要な点を強調するために展示の図表を使うようにも言われている。展示上の資料のみが発表で使用できる。生徒たちは発表の間、ノートを使うこともできる。

質疑応答

　各班の発表を聞いた後、審判員は6分の間に生徒たちに質問をする。この質問時間は生徒にとって、自分たちが発表で述べた点を明らかにし、さらに展開させ、そして弁護する機会である。この質

問時間は審判員にとって最も難しい時間である。質問はわかりやすい言葉で行う。複数の点について一度に質問しないほうがいい。複数の点について質問する場合は、1つの点について1回ずつ質問し、次の質問に進む前に生徒たちに答える時間を与える。(時間係が示した)最後の1分間には、質問は簡単なまとめ、または最後の感想などを求めるものにするべきである。生徒たちはポートフォリオを参考にすることはできるが、ノートを見てはいけない。

質問に関する提案
1. 生徒たちが準備した発表について、より詳しい説明を求め、あるいはポイントを明らかにさせる。敵対的な態度よりもまとめ役的な態度をとる。
2. 発表で示した点について具体的な例を挙げるよう生徒に求める。
3. 自分たちの主張あるいは立場について、生徒たちに弁護させる。
4. この授業を通して何を学んだか生徒たちに尋ねる。どのような問題があったか。コミュニティの問題を研究したことから学んだ最も重要な概念または考えは何か。
5. 班全体に質問を投げかける。

感想

ポートフォリオ発表の最後に、審判員はクラスに対して発表の感想を求められる。これは生徒たちにとって必要不可欠であり、非常に重要である。班の長所および向上させる点についてコメントすべきである。

審判基準

口頭発表に対して審判員は次の5つの基準に関して各班の採点を行う：重要性、理解、論理性、反応、班の協力／チームワーク。審判員は次の4つの基準について口頭発表全体のクラスの点をつける：説得力、現実性、協力および反省。これらの基準は口頭発表採点表でより詳しく説明されている。生徒のパフォーマンス評価を通して審判員は採点をこれらの9つの基準をもとに行い、審判員が生徒たちの意見に同意するかどうかで採点しないよう注意する。身なりやふるまいは生徒のパフォーマンスを評価する基準ではない。

リストにある各基準に対して、各審判員は5点を最高点として1から5の点をつける(小数点などはない)。審判員は各班および口頭発表全体にあった正しい採点表を使わなければならない。発表を始める前に、正しい採点表が手元にあるか確認する。クラス発表の最後に、4班の得点と口頭発表全体の得点を口頭発表全体採点表に記録し、総合得点に追加する。採点後、他の審判員と協議することもできる。しかし、他の人の採点と意見が異なってもよい。

審判員はさらに、基本的基準に加えて、パフォーマンス全体の出来に対して最高100点をつけるよう要請される。同点の場合は、これらの点数が合計され、最高点をつけたクラスが優勝となる。点は次のガイドラインに則って与えられる。

非常によい	90〜100点
とてもよい	80〜89点
平均	70〜79点
平均以下	0〜69点

I. 教師用評価用紙

　We the People...PROJECT CITIZENに関するあなたの評価は、私たちがこのプログラムをよりよいものにするために役立ちます。プログラムに参加したことによって、多くの生徒が示した結果を記入してください。あてはまるものにチェックし、その他の点については余白に書いてください。

□政策について理解を深めた。
□コミュニティの問題についてより深く学んだ。
□情報源についての知識を増やした。
□研究スキルが向上した。
□協力して問題を解決するスキルが向上した。
□コミュニティに影響を与えるという自分たちの可能性を認識するようになった。
□政府がどのように機能しているか理解を深めた。
□問題に対応するコミュニティ団体についての認識を得た。
□政府に対するより好意的な態度をもつようになった。
□コミュニケーションそして説得させる手段としてのポートフォリオの利用について理解した。
□その他：_____
_____
_____

　We the People...PROJECT CITIZENの特色について、以下の内容に賛成か反対か記入してください。　以下の範囲で答えてください。

4＝強く賛成する　　　　3＝賛成する　　　　2＝反対する　　　　1＝強く反対する

1．テキストの活動は生徒にとって適当な難度であった。　　　　　_____

2．テキストの活動はクラスポートフォリオを作成するのに役立った。　_____

3．ポートフォリオに関する指示およびガイドラインは明白だった。　_____

4．ポートフォリオの審判基準は公平かつ適当だった。　　　　　　_____

5．このプログラムは生徒たちが政策問題に関して情報収集をするためにコ
　　ミュニティを利用し、公共事業に関わる個人や団体を知ることを促進した。　_____

6．このプログラムは生徒たちが政府にどのように参加し、コミュニティに利益
　　をもたらす変化を与えるかについてよりよく理解するために役立つ。　_____

7．またWe the People...PROJECT CITIZENに参加したいですか？　　はい　　いいえ
　　　いいえの場合、その理由：_____

8．We the People...PROJECT CITIZENを他の教師に勧めますか？　　はい　　いいえ
　　　いいえの場合、その理由：_____

9. このプログラムの長所は何だと思いますか？
   _____
   _____
   _____

10. このプログラムの短所は何だと思いますか？
    _____
    _____
    _____

11. どのように向上できると思いますか？
    _____
    _____
    _____

12. 何クラスが、We the People...PROJECT CITIZENを使いましたか？ _____

13. あなたのクラスの学年は？ _____

14. あなたのクラスの科目は？ _____

15. あなたのクラスの生徒の約何パーセントが少数人種／民族グループ出身者ですか？
    0〜5％   6〜10％   11〜20％   21〜40％   41〜60％   60％以上

16. あなたがWe the People...PROJECT CITIZENを使ったクラスを最もよく表現しているのは次のどれですか？
    ずば抜けている   優等   秀でている   特別教育
    学習障害   普通あるいは平均   ＥＳＬまたは２カ国語が話せる
    その他：

17. あなたの学校のエリアは次のどれですか。
    都市   郊外   田園
    その他（くわしく）：_____
    _____

学校：_____
名前：_____
担当学年：_____

94　教師用ガイド

J. 生徒用評価用紙

　We the People...PROJECT CITIZENに関するあなたの評価は、私たちがこのプログラムをよりよいものにするために役立ちます。次の内容にあなたがどの程度賛成または反対か記入してください。

4＝強く賛成する　　　3＝賛成する　　　2＝反対する　　　1＝強く反対する

1. 政策について理解を深めた。　　　　　　　　　　　　　　　　　＿＿＿＿＿＿
2. コミュニティの問題についてより深く学んだ。　　　　　　　　　＿＿＿＿＿＿
3. 問題を解決するために他の人とより協力する方法を学んだ。　　　＿＿＿＿＿＿
4. 研究スキルが向上した。　　　　　　　　　　　　　　　　　　　＿＿＿＿＿＿
5. 自分がコミュニティに影響を与えることができるとわかった。　　＿＿＿＿＿＿
6. 政府がどのように機能しているか理解を深めた。　　　　　　　　＿＿＿＿＿＿
7. 市民が政策の作成にどう参加するか学んだ。　　　　　　　　　　＿＿＿＿＿＿
8. 問題に対応するコミュニティ団体についての認識を得た。　　　　＿＿＿＿＿＿
9. 政府に対するより好意的な態度をもつようになった。　　　　　　＿＿＿＿＿＿
10. コミュニケーションそして説得させる手段としてのポートフォリオの利用
　　について理解した。　　　　　　　　　　　　　　　　　　　　＿＿＿＿＿＿

11. このプログラムで何が最も好きでしたか。
　　＿＿＿＿＿＿＿＿＿＿＿＿＿＿＿＿＿＿＿＿＿＿＿＿＿＿＿＿＿＿＿＿＿＿＿＿
　　＿＿＿＿＿＿＿＿＿＿＿＿＿＿＿＿＿＿＿＿＿＿＿＿＿＿＿＿＿＿＿＿＿＿＿＿
　　＿＿＿＿＿＿＿＿＿＿＿＿＿＿＿＿＿＿＿＿＿＿＿＿＿＿＿＿＿＿＿＿＿＿＿＿

12. このプログラムについてどのような改善ができると思いますか。
　　＿＿＿＿＿＿＿＿＿＿＿＿＿＿＿＿＿＿＿＿＿＿＿＿＿＿＿＿＿＿＿＿＿＿＿＿
　　＿＿＿＿＿＿＿＿＿＿＿＿＿＿＿＿＿＿＿＿＿＿＿＿＿＿＿＿＿＿＿＿＿＿＿＿
　　＿＿＿＿＿＿＿＿＿＿＿＿＿＿＿＿＿＿＿＿＿＿＿＿＿＿＿＿＿＿＿＿＿＿＿＿

学校：＿＿＿＿＿＿＿＿＿＿＿＿＿＿＿＿＿＿＿＿＿＿＿＿＿＿＿＿＿＿＿＿＿＿＿＿

名前：＿＿＿＿＿＿＿＿＿＿＿＿＿＿＿＿＿＿＿＿＿＿＿＿＿＿＿＿＿＿＿＿＿＿＿＿

学年：＿＿＿＿＿＿＿＿＿＿＿＿＿＿＿＿＿＿＿＿＿＿＿＿＿＿＿＿＿＿＿＿＿＿＿＿

教師に渡してください。

K. 用紙一式（例）

教師へ：
　生徒たちが用紙の使い方を理解しているか確認します。生徒たちはテキストの用紙を使うか、教師がコピーしたものを使用することもできます。

1. 問題の特定と分析用紙（22ページ）
2. インタビュー用紙（23ページ）
3. 新聞・印刷資料調査用紙（24ページ）
4. ラジオ・テレビ調査用紙（25ページ）
5. 出版物整理用紙（32、33ページ）
6. 手紙・インタビュー整理用紙（34、35ページ）
7. 合憲性審査用紙（46、47ページ）

（訳注：各用紙はテキストに掲載されているので省略。ページは本書での掲載ページ）

L. 終了認定書（例）

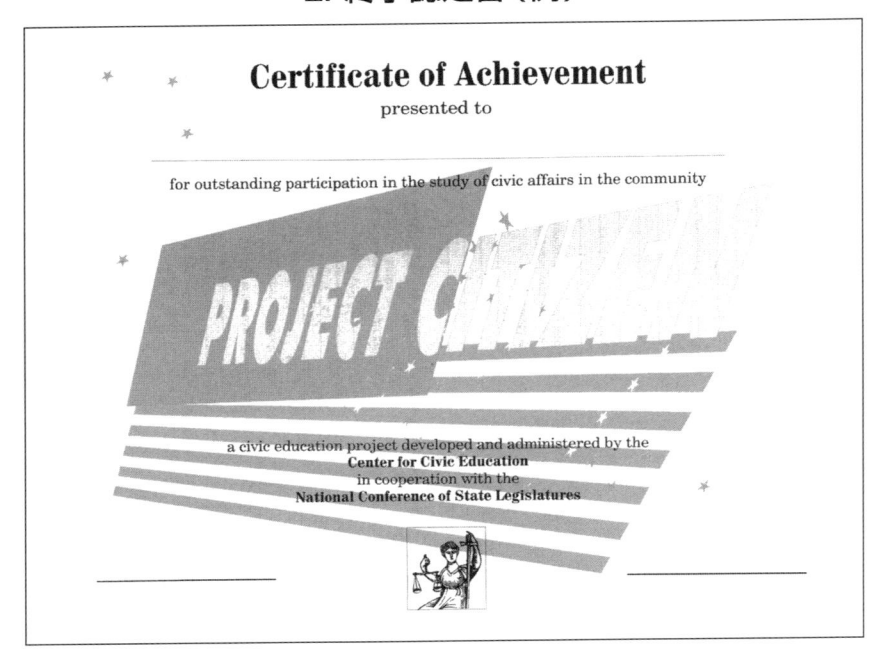

Certificate of Achievement

presented to

_____

for outstanding participation in the study of civic affairs in the community

PROJECT CITIZEN

a civic education project developed and administered by the
Center for Civic Education
in cooperation with the
National Conference of State Legislatures

あとがき

　私が全国法教育ネットワークそして関東弁護士会連合会とともに通訳としてアメリカ、カラバサスの公民教育センターを訪問したのは2001年12月のことでした。当時、まだ私は日本では一般的に馴染みのない「法教育」について多くの知識をもっておらず、ましてやその重要性や必要性についてはほとんど理解していなかったといえます。そのような状態で訪れたアメリカでは、教育の専門家や現場の教員以外にも、積極的に法教育の促進に協力する地域の法律実務家などの専門家やボランティアの存在、そして授業で活き活きと発言する子どもたちの姿を目にすることになりました。一方、この数日間は私にとって、日本でもこういった教育を推進しようとする教育者、研究者をはじめ弁護士などの専門家の取組みを理解し、その後もこの活動に関わるきっかけとなったのです。

　日本での先進的な取組みとして全国法教育ネットワークの活動があります。全国法教育ネットワークは法教育の研究そして実践を推進するグループです。設立以来、法教育に関心のある教育者、法律実務家、研究者などとの連携を図り、全国で実施されている法教育関連活動の研究、セミナーの開催そして情報提供などを行ってきました。法教育ネットワークが今後の主な活動課題として挙げているものに、他団体・関連機関との協力関係の強化と、日本における法教育で使用できるカリキュラムの開発および提供があります。アメリカでの法教育の実際、そして日本で法教育を推進していくにあたり何が必要なのかを学ぶため、法教育ネットワークはアメリカを訪問しました。

　公民教育センターでは、私たちを快く迎えてくださり、センターの概要、実施している各プログラムの詳細な説明を受けました。江口教授の先述のとおり、センターの主なプログラムである法教育のテキスト"Foundations of Democracy"は、すでに日本語版が出版されています。本プログラムの説明をしてくださったDr. Fischerは、このテキスト"We the People...PROJECT CITIZEN"の日本語版をぜひ作成し、日本でもプログラムを実施してほしいと強く述べられ、それが日本語版『プロジェクト・シチズン――子どもたちの挑戦』作成への第一歩でした。

　法教育の提案する概念、そしてプロジェクト・シチズンで示されている公共政策提言のプロセスは、実にわたしたちの日常生活に密接した課題です。アメリカそして日本の学校でも、民主主義社会では国そして地方自治体がどのように組織され

ているのか、どういった機能を果たしているのか、私たちの投票によって選出された代表者である議会議員がいかに社会のための政策・法を作っているのかを教えられます。しかしアメリカと日本の教育の決定的な違いは、そういった政策作りのプロセスを実際に身の回りの問題にあてはめて捉え、自分たちとそのプロセスの関わりを理解する試みが行われているかどうかにあります。

　アメリカの子どもたちは、プロジェクト・シチズンへの参加によって、身近な社会の問題に対してどの政府(国なのか地方自治体なのか)が責任をもっているのか、実際に問題に対処すべく政策や措置がとられており、それらがうまく機能しているのか、そしてそういった政策をどのように監督し、政府の政策決定に影響を与えることができるのか、などを学んでいきます。そうして市民社会への活発な参加の方法を理解します。教科書を通しての知識だけでなく、それを実践していく能力を身につけることが法教育の果たす重要な役割ともいえます。

　子どもたちはプロジェクト・シチズンを通して、それ以上の能力を身につけます。プロジェクト・シチズンには、その実施にあたっていくつかのルールが定めてあります。まず、扱う問題はクラスで1つ。また、プロジェクト完成までにはさまざまな情報や意見が出ます。そしてすべてがグループ活動であり、単独で行う作業はほとんどありません。そういったなかでルールに従いながら、作業を通して生じる多くの問題や意見の違いを民主的な意思決定プロセスを使って解決し、まとめていく能力を身につけることができるのも、このプロジェクトの利点でしょう。さらにクラスの意見をまとめ作業が終了した後には、それを発表します。自分たちの意見や考えを他人に表現する能力も自ら養うのです。これらは市民社会への積極的な参加において必要不可欠なスキルです。

　これまで日本では、こうした教育はほとんどなされてこなかったのではないでしょうか。その必要性を感じている教員がいたとしても、アメリカで実践されているほどの教育を行うには大変な準備と時間を要するでしょう。本翻訳書の特筆すべき点は、作業の各ステップに生徒への細かな指示が出されていることです。また教師用ガイドにも、授業の準備からボランティアの利用まで詳細なアドバイスがつけられています。ボランティアとして参加するコミュニティのさまざまな人々への指示も加えられています。公共政策参加の授業に必要な材料は、すべて本書に収められています。法教育ネットワークとして、本翻訳書のような日本でも即実践可能なテキストの出版の重要性を強く感じています。より多くの現場での法教育の実践が、その推進につながるのです。

法教育の導入にあたっては、キリスト教の精神から派生した民主主義の理念に基づくアメリカの教育手法を、文化そして伝統の異なる日本で実施することに疑問の声を投げかける人もいるでしょう。しかし前述のとおり、センターのプロジェクトは世界の多くの国々に紹介されており、ロシア、台湾、韓国などでも本翻訳書は利用されています。例として挙げられている問題の中には、現在の日本では直接的に関連のないものもあるかもしれません。しかし、この教育プロセスは文化・伝統の違いに関係なく、すべての子どもの積極的な政策決定への参加を促進する手段になりうると考えています。

　一方、日本独自の法教育テキストの必要性がないというわけではありません。2002年9月に来日したセンターのシニア・コンサルタントでNorma Wright氏は、アメリカでもその文化に合うテキスト開発にはいく度も改善が加えられており、日本でもセンターの提言する基本概念を変えることのない範囲で、国内の教育環境を反映したテキストが開発されるべきであろう、と語りました。本翻訳書は、そのプロセスの試金石として出版されるものといえるでしょう。プロジェクト・シチズンそして他の法教育・公民教育の研究および実践を行っていくなかで、今後、さまざまな意見や提案が出てくるでしょう。それらを反映したテキストが日本でも開発できる日が、近い将来訪れることを願ってやみません。

　最後に、本翻訳書の出版にあたってご協力いただいた方々に厚くお礼を申し上げたいと思います。法教育ネットワークのアメリカ視察の際、私たちを暖かく迎え多くの助言を提供し、また日本語版の出版を許可してくれたCenter for Civic Educationの方々。とくに、International Program DirectorのJack N. Hoar氏、センターの代表で私たちの訪問全体を調整してくれたCharles N. Quigley氏、センターの窓口となって出版までの作業をお手伝いいただいたNeha Rastogi氏、そして訪日の際にセンターの活動についてより深く理解させてくれたNorma Wright氏に、心より感謝の意を表したいと思います。

2003年3月

翻訳者を代表して
安田朋子

Center for Civic Education (Main Office)
5146 Douglas Fir Road, Calabasas, CA, 91302-1467 U.S.A.
tel: 818-591-9321　fax: 818-591-9330　email: cce@civiced.org
http://www.civiced.org/

全国法教育ネットワーク
東京都新宿区市谷船河原町6（〒162-0826）
くれたけ法律事務所内　鈴木啓文気付
電話：03-5229-5301　FAX：03-5229-5302
http://www.jnlre.com/

翻訳：安田朋子
編集：江口勇治・鈴木啓文・村野和子・安田朋子・渡邊 弘

プロジェクト・シチズン
子どもたちの挑戦

2003年3月31日　第1版第1刷

著　者……Center for Civic Education
訳　者……全国法教育ネットワーク
発行人……成澤壽信
編集人……西村吉世江
発行所……株式会社 現代人文社
　　　　　東京都新宿区信濃町20 佐藤ビル201（〒160-0016）
　　　　　TEL.03-5379-0307　FAX.03-5379-5388
　　　　　daihyo@genjin.jp（代表）
　　　　　hanbai@genjin.jp（販売）
　　　　　http://www.genjin.jp/
装　丁………加藤英一郎
発売所……株式会社 大学図書
印刷所……広研印刷株式会社

検印省略　　Printed in JAPAN
ISBN4-87798-154-3 C0037
©2003 全国法教育ネットワーク

……………………………………………………………………
本書の一部あるいは全部を無断で複写・転載・転訳載などをすること、または磁気媒体等に入力することは、法律で認められた場合を除き、著作者および出版社の権利の侵害となりますので、これらの行為をする場合には、あらかじめ小社また編集者宛に承諾を求めてください。